品牌重构

品牌价值链重新打造

刘永湘◎著

BRAND

中国纺织出版社有限公司

内 容 提 要

在越来越激烈的市场竞争中，技术和知识传播的速度越来越快，行业之间的界限日益模糊，产业与产品生命周期在大幅缩短……在这样的浪潮中，品牌的竞争优势日显欠缺，而过去的品牌经验也难以指导未来的市场竞争，因此，管理者们需要不断掌握品牌塑造与管理经验，才能立于不败之地。全书共八章，分别从品牌设计、品牌质量基点、需求与成本、消费新场景、产业模式、品牌形象、口碑与品牌避险八个方面对品牌重构与品牌管理进行系统阐述，清晰地向读者呈现了如何塑造优质的品牌价值，进而实现企业品牌价值的持续增长。

图书在版编目（CIP）数据

品牌重构：品牌价值链重新打造 / 刘永湘著. --北京：中国纺织出版社有限公司，2021.7（2024.2重印）

ISBN 978－7－5180－8538－5

Ⅰ. ①品… Ⅱ. ①刘… Ⅲ. ①品牌—企业管理 Ⅳ. ①F273.2

中国版本图书馆CIP数据核字（2021）第084070号

策划编辑：史　岩　　责任编辑：于磊岚

责任校对：寇晨晨　　责任印制：储志伟

中国纺织出版社有限公司出版发行

地址：北京市朝阳区百子湾东里 A407 号楼　邮政编码：100124

销售电话：010—67004422　传真：010—87155801

http：//www.c-textilep.com

中国纺织出版社天猫旗舰店

官方微博 http://weibo.com/2119887771

北京兰星球彩色印刷有限公司印刷　　各地新华书店经销

2021 年 7 月第 1 版　2024年2月第2次印刷

开本：710×1000　1/16　印张：14

字数：143 千字　定价：68.00 元

前言

在这个充满变化的时代里，技术和知识传播的速度越来越快，行业之间的界限日益模糊，产业与产品生命周期在大大缩短……在这样的浪潮中，品牌的竞争优势日显欠缺，而过去的品牌经验也难以指导未来的市场竞争。

我们必须认识到：唯有保证有一定频率的消费者购买行为，企业才能持续生存下去，品牌才不会在市场上消失。为了实现这一点，不同的企业品牌必须在不同的发展时期里不断赋予某个产品以新的生机，提供源源不断的消费购买动能。而且，即便是同样一款产品，在应对不同的发展时期和与不同竞争主体短兵相接的时候，也要不断从市场需求、产品价值和客户认知层面来呈现品牌典型特征，让客户在每个时期都有充分的理由去购买该产品。

更进一步说，企业不能仅确保品牌满足当下需求，还要顺应环境的变化，不断进行品牌重构，让品牌的战略发展步伐与市场发展保持一致，为企业打造属于自己的“适时、适势、实时”的竞争优势特征。唯有如此，才能让企业品牌获得重生与发展的更多可能性，使老品牌能够焕发新的生机，新品牌能够找到适宜的发展方向。

在品牌发展与企业实践中，几乎每年都有很多品牌在快速衰落，随之而来的是大量的企业在不断消亡。据波士顿咨询公司研究结果显示，在美国的上市公司中，有三分之一的公司会在5年内消失，大部分企业难以长期保持竞争优势。而在中国也存在此类问题。一些创业者在创业之初喊出豪言壮语，意欲打造“百年品牌”。然而这些梦想并未能全部变成现实。当然，有时候，市场上并不缺少好的产品，而是缺少让这些产品在任何时期都能卖成畅销品的品牌重构能力。

事实上，有一部分知名企业在其发展历程中坚持品牌调整，如可口可乐在其发展历程中经历过数十次重构，虽然其近年销量有所衰落，但其品牌与企业仍然持续了百余年。由此可推断出，这些企业品牌在发展过程中必然有很多可圈可点之处。同时，我们也可以向其借鉴，观察优质品牌的成长路径，在其历史实践经验的基础上，结合当下时代发展情况与典型特征来打造有价值、有内涵、有温度的品牌，使企业品牌从品类明星品牌发展成为网红品牌，并逐步夺得品类之冠，使企业能够在消费者认知中永葆品牌之长青。这是品牌重构与品牌进阶的核心所在。

在具体实践中，企业可以考虑从品牌设计、品牌质量基点、需求与成本、消费场景、产业模式、品牌形象、口碑与品牌避险等诸多环节进行梳理与把控，系统地开展品牌重构行动，更有效地吸引客户的注意力，向客户呈现更优质的品牌价值，进而实现企业品牌价值的持续增长。

另外，由于时间匆忙，加之本人个人能力与知识储备有限，如有不足之处，还请广大读者及时批评指正，欢迎您将您的宝贵意见发送至lyxpinpai@163.com，不胜感激。

谨此，与读者朋友和管理同人们共勉！

刘永湘

2021年4月

目录

第一章

市场环境驱动新模式，品牌重构势在必行

品牌进入市场后并非永远不变。随着市场环境的变化、品牌识别效果减弱、消费者需求变化、企业战略转型等诸多因素的影响，企业进行品牌重构已经成为一种趋势。所谓“品牌重构”，就是重新策划现有品牌。特别是在2020年疫情下的集体自我隔离状态，使人们的现实需求与注意力流向发生了显著变化，人们对品牌产生了新的需求，甚至对于品牌产品输出模式都需要重新调整。可以说，以系统的思维进行品牌重构，是广大企业需要思考的一个重要命题。

第一节　环境变化引发需求变化，生存需求倒逼品牌重构

纵观中外市场上那些历史悠久的知名品牌，几乎没有哪一个品牌是无须任何调整便一帆风顺地发展至今的。可以说，每一个品牌都曾经历过市场的冲击或洗礼，为了顺利渡过难关而做出有效而持续的调整；此后，它们会变得比过去更加强大、更有竞争力。这就是品牌重构的力量。

一般而言，企业着手进行品牌重构时，往往是因其遭遇以下几种情况。

1. 品牌重构的时机：市场环境不利于企业生存发展

企业自身已然陷于生存危机之中，这通常是企业不得不进行品牌重构的直接原因。比如 2020 年给全民带来最大影响的突发事件——新冠肺炎疫情的出现，便给各企业与品牌带来了极大的冲击。

2020 年初的疫情期间，举国上下居家隔离，足不出户，诸多行业陷入困境。于是，在 2020 年 2 月，大量品牌从线下实体店铺转至线上渠道，进入各大直播平台，为自家品牌探索新的市场机会。根据淘宝数

据显示，2020 年 3 月 2 日“38”会场上线，淘宝直播的开播账号数较上年同期增长 108%。在这期间，包括欧莱雅、联合利华、居然之家等多家品牌的总裁都走进直播间，门店导购也纷纷做起直播。在此期间，所有导购人员每天的开播场次近 5000 场；而 3 月 5 日作为此次活动的首日，美妆行业在开播仅 27 分钟内，便通过淘宝直播创造了破亿元的成交额。

面对这个关系人类生存的大危机，各企业与品牌必须在保障安全、便利以及低成本的基础上综合考虑品牌价值的呈现效果，在全民低收入甚至无收入的状态下强力刺激市场经济的有效恢复。可以说，企业所处的外部大环境出现了危机因素，这是企业考虑品牌重构的重要时机之一。

2. 品牌重构的时机：因企业自身问题出现品牌危机

品牌发展的推动力是来自品牌或企业内部的危机。事实上，大多数成熟品牌都曾经遇到过这样或那样的内部危机。

在这类危机中，很大一部分危机是源于产品质量，比如冠生园的“陈陷月饼”事件、三鹿奶粉的“三聚氰胺”事件、圣元奶粉的“性早熟”事件等。暂且不论这些事件的责任归属如何，不可否认的是，这些事件给企业品牌带来了极为恶劣的影响。在这种困境下，企业若想重新获得客户的信任，就必须有计划地开展品牌重构行动。

以优步（Uber）为例。2017 年，优步出现了一连串备受争议的事件，比如员工遭遇歧视与性骚扰、企业文化缺少人性化色彩、企业内部的关键高管离职等。因深陷各种负面舆论的旋涡之中，优步必须积极改变其品牌形象，以求得再生的良机。而其 App 的设计却并没有给用户们带来多少信任体验，所以优步从 App 的视觉形象作为切入点，积极地探索品牌重构之路。图 1-1 呈现的是优步从 2009 年到 2018 年在品牌形象上做出的探索与变化。

UBER	UBER	Uber
		Uber
2009~2016年	2016~2018年	2018年9月之后

图1-1　优步的品牌重构——视觉形象变化

从视觉形象的改变过程来看，优步将“Uber”的视觉广告设计得极具亲切感。如果与过去的 Logo 对比，新 Logo 表现出更加积极、友善的美学特征，同时兼具功能性和实用性；而且其辨识度大幅提高，圆矩形外框再加上相对圆润的字体使整个标识看起来很和谐、友好。这种品牌形象的调整，使优步重构了自身在用户面前的形象体验，同时也为 2019 年优步的上市 IPO 预先做好了铺垫和准备。

在实践中，企业也可以从提高产品技术含量、保证产品质量水平等方面，作为品牌重构的重点。当然，一些基本的品牌重构方法，如品牌的重新定位、品牌广告语的重新设定等，也是必不可少的。例如，金龙鱼调和油“1∶1∶1”（即调和油中的饱和脂肪酸、单不饱和脂肪酸和多不饱和脂肪酸的比例为“1∶1∶1”）的概念一度受到外界质疑和同行攻击。此后，金龙鱼在广告中对广告内容进行了调整——将概念调整为“0.27∶1∶1”，并将广告内容该产品外包装上的字号放大，由此凸显品牌产品的差异点。

3. 品牌重构的时机：消费者对品牌的识别力日益减弱

品牌识别是指能够引起人们对品牌美好印象的联想物，而品牌识别力弱化是指这些品牌联想物已经无法产生消费者能够自然联想的效果。通常情况下，品牌识别力减弱有几种表现形式，如表 1–1 所示。

表1–1　品牌识别力减弱的表现

识别力减弱的表现	说明
客户的品牌认可度较低	即品牌的知名度和美誉度都不错，但是市场销售量却很低
产品结构过时	即长时间没有引入新技术，产品设计、生产和包装上仍然使用着“过时”的技术、材料和创意等
营销手段一成不变	即促销、广告、销售模式和渠道等营销要素常年不变，缺乏独特创意
品牌识别系统陈旧	即品牌识别系统长久未更换。比如，标志、包装、外观等缺乏时代感、活力和寓意
广告内容老旧、缺少新意	即广告内容让消费者感到品牌文化肤浅，缺少或毫无新意
市场占有率降低	即当产品与新出现的竞争对手进行较量时，感到力不从心
客户年龄趋于老龄化	即不管产品是不是针对中老年人的，只要购买该产品的核心消费群体不再是年轻人，那么这种产品的销售前景也就不容乐观

这些信号意味着：虽然某些品牌表面看起来仍然风光，但内里却正在变得腐朽。如果企业此时不积极采取品牌重构行动，那么这个品牌便可能逐渐在市场中消失。而为了做好品牌重构，企业必须做好两件事：一是进行品牌检验，即对企业品牌进行一次全面的、系统的检查，重新审视和评估其品牌与客户之间的关系，进而找出能有碍于品牌生存的真正的、根本的原因；二是认真研究客户心目中的理想品牌形象，在充分理解客户期望的基础上，设计品牌重构的基本战略和实践方法。对于上述典型问题，企业可以采取以下方法，比如改变品牌要素、创造全新品牌识别系统、重新进行品牌定位、定期推出新产品、推出全新广告等。

当然，市场环境、政策法规、社会文化、消费习性等因素都不是一成不变的，因而任何一个强势品牌都可能遇到“识别力弱化”的问题——这是一个在所难免的问题。因此，对于任何一个品牌，都应长期遵循“以市场为导向”的原则，适时对品牌采取创新举措，以避免品牌的识别力越来越弱。

4. 品牌重构的时机：企业战略转型或进入新市场

不管是什么样的企业，当企业战略发生重大转型或即将进入全新的市场时，品牌定位、产品组合、目标客户群体、营销模式等诸多方面都会随之发生巨大的变化。这时，如果该品牌的定位与内涵难以适应这些变化，那么品牌重构就会成为企业的一种必然选择。

以柯达公司的品牌重构为例。2001 年前后，中国摄影市场发生了翻天覆地的变化——从“胶卷时代”进入了“数字时代”。这对部分电子产品生产企业而言是一次巨大的商业机会，但对柯达公司而言却是一次极大的危机。过去，人们谈及柯达时，最直接的品牌印象是一盒盒黄色包装的柯达胶卷和随处可见的柯达冲印店。而进入数码时代之后，人们拍照之后并不需要拿着胶卷去冲印店印出来。自此，柯达公司的传统影像部门的销售利润逐渐下降。

为了改变这种情况，柯达公司于 2003 年 9 月 26 日开始实施战略转型：放弃传统的胶卷业务，将企业经营的重心向新兴的数码电子产品方向转移。但是，柯达的品牌重构效果并不明显。2003 年全年，柯达公司的整体销售利润仅有 41.8 亿美元，尚未达到 2000 年时的 30%（2000 年的销售利润为 143 亿美元）。

为什么会出现这种情况？原来是柯达的品牌形象问题所致。进一步说，唯有改变品牌形象，企业品牌才能在消费者心中实现真正的转变。

2006 年 1 月 9 日，柯达公司在北京宣布：放弃从 1970 年开始沿用的代表“胶卷盒子”的黄色方框和“K”图形组成的商标，开始采用全新的品牌标志。新标志着重突出了“Kodak”（柯达）字样，且采用简洁透明的背景，以传达“数字时代的简洁与方便”的寓意。同时，柯达公司开始大规模地实施标志更新行动——更新所有的产品包装、店面和广告展板上的标志，并发布了企业形象手册，由此成功完成了品牌标志的更新。

柯达公司的“换标”措施证明它向数码摄影领域实施全面转型的决心，让客户明确了“新柯达”的真正意义。

对于企业来说，品牌是一种定位；对于客户来说，品牌还是一种价值承诺。这种承诺一旦在客户的心中留下了印记，那么客户对该企业和品牌便会留下深刻的印象。这对于企业来说，既是一件好事，也是一件坏事。“好事”表现在可以培养客户对品牌的忠诚度，“坏事”表现在企业进行品牌重构的难度会大幅增加。因此，对于因战略转型或进入新市场而需要实施品牌重构的企业来说，品牌重构的关键往往体现在实现品牌新老形象之间的顺利过渡。可以说，如果能使客户深刻理解企业品牌新形象所传达的真正含义，那么品牌重构的工作就等于完成了一半。

综上所述，品牌重构是一项声势浩大、颇具难度的工程，甚至会完全颠覆企业品牌的原有定位和运营模式。如果品牌重构失败，那么企业遭受的损失可能难以估量，走向末路的速度可能更快。但如果重构成功，企业就可以享受到“品牌重构”的果实——品牌会更年轻且具竞争力，更多的目标客户将会转化为企业的忠诚客户。因此，品牌重构务必慎重规划，“三思而后行”。

第二节 人类全面进入新时代，时代因素给品牌注入新内涵

除了关注品牌重构的因素与时机外，企业也需要考虑新时代的到来可能给企业品牌带来的各种影响。事实上，新时代的到来以及高新技术的演进，依然给诸多企业品牌发展带来了极大的变化。对于企业经营者来说，必须思考清楚一个问题：如果考虑品牌重构，那么企业应该重构出一个怎样的品牌？目前，很多企业已经开始了探索之旅。

以海尔集团为例，董事局主席、首席执行官张瑞敏在2018年首次提出“生态品牌”的概念，这是首次在全球范围内明确提出的物联网时代的创牌方式。事实上，海尔生态品牌并不是单一的品牌，它还根植于高度自洽的“三生体系”——生态圈、生态收入和生态品牌。所谓“生态圈”，意味着从电商或传统交易平台变为持续交互的社群生态；所谓“生态收入”，意味着不单有产品收入，更要凭借社群用户资源、全场景定制方案、各方生态资源产生服务价值；所谓“生态品牌”，意味着“品牌不再以单一企业为中心去参与零和博弈，而是通过多方共创共生的模式，

去积极响应共享经济的呼唤”。

为了推进生态品牌的实现，海尔集团采取了“人单合一”管理模式。在战略模式上，海尔集团的“人单合一”模式打破了传统科层制的牢固壁垒，使界限清晰的封闭式企业转变为面向全球呈现开放状态的生态系统。在组织结构上，海尔集团从金字塔式科层制组织结构形式，开始转变为去中心化的网络组织结构形式，鼓励员工成为“创客”，与客户实现零距离交互模式。在薪酬设计上，从企业付薪模式转变为客户付薪模式，驱动员工主动关注客户需求，由此勾勒出一幅隐藏在生态品牌背后的客户需求图谱。

海尔生态品牌的打造过程也给广大企业实施品牌重构提供了更加系统的思路：企业需要改变过去那种单纯依靠品牌溢价、用户流量运作的模式，而要在现有品牌的基础上，打造生态型系统，实现进一步的突破与升级。

1. 品牌要建立人与人的链接，而不是简单的商品价值交换

从工业时代转向互联网时代，再从互联网时代进入物联网时代，企业品牌的价值核心逐渐从“物的关系”转向了“人的关系”，这是企业构建生态品牌时的基本出发点。

在过去，企业进行品牌营销时主要基于 4P 理论，遵循“大生产、大零售、大渠道、大品牌、大物流”的品牌营销逻辑，企业的产品、价格、渠道和促销等方面策划与推广都是为了做好产品功能价值的创造、传播和兑现而进行的。

时至今日，各企业品牌则必须以客户（或消费者）体验为核心，企业进行品牌营销时主要基于“4R”理论。所谓“4R”，是指识别客户（Recognize）、触达客户（Reach）、与客户建立持久关系（Relationship）以及实现交易回报（Return）的完整链条。

在过去，企业品牌始终围绕着“物化”的本质而运作，着力促进商品价值交换；如今在新时代物联网技术的影响下，企业品牌日益关注人的价值，着力打造人与人的链接。

2018 年 11 月 1 日，2018 百度世界大会在北京举行。百度公司副总裁沈抖在此次大会的发言中提出了对 2019 年内容生态平台建设的预测和计划：“内容生态有两种力量，一种力量是平台，另一种是内容创作者。在当前经济形势下，这两大力量都面临着严峻的挑战：对内容创作者而言，信息匮乏变成了信息过载，内容质量要求大大提升，加上竞争升级、监管趋严，内容变现难度增加；对于平台而言，竞争不仅是创意、营销、资源的竞争，更要拼生态，要真正帮助内容创作者成功。”在此次会上，百度公司还公布了内容生态业务战绩——百度 App 日均活跃用户 1.6 亿、短视频日活用户 1.1 亿、小程序月活用户突破 1.5 亿等；再后来，百度 App11.0 上线，从之前的“搜索 + 信息流”模式升级到了“综合性内容消费和服务平台”模式。

2020 年 5 月，沈抖在 2020 百度移动生态大会上介绍了百度 2020 年在移动生态建设上的两大目标：一个目标是“人”，百度移动生态将围绕人的生态来提供更鲜活的内容，彻底打通移动生态下的多个平台，使内容创作者在一个平台上的成果能够在多个平台上被用户获取，从而使其价值发挥到极致状态。另一个目标是“服务”，百度移动生态将提高服务品质，为用户提供有助于轻松决策的端到端服务。此外，沈抖还在此次会议上宣布“百度会在 2020 年积极推进百度直播业务”。

事实上，无论我们是从 2018 年的百度 App、短视频、小程序等的战绩斐然，还是 2020 年的百度两大目标设计和直播业务推进来看，都可以深刻地感受到百度对新时代品牌建设过程中的“人与人的链接”的重视，在人与人的实时互动过程中为用户提供有价值的可延伸服务。

2. 品牌要覆盖诸多领域载体，而不局限于某个单一载体

在过去，品牌（产品）生命周期理论被业界奉为圭臬，似乎每一种品牌都无法摆脱生老病死的自然法则。随着物联网时代的到来，品牌开始随着客户（消费者）需求而持续进化，从产品中心主义转变为客户中心主义。如今，品牌不再局限于某个单一载体，打破了过去的生命周期限制，获得了更长久的生命机会。

海尔有 200 多个创业小微、3800 多个节点小微、122 万个微店，同时在全球范围内结合了 5000 多个一流资源方，业务涉及节能环保、区块链、大健康、智能制造、智能硬件、智慧教育、新材料等多个领域，由此培育出一个共生、互生、再生的生态品牌。

3. 品牌要成为用户的唯一选择，而不是市场竞争的第一

随着物联网时代的到来，市场营销的三大基石：媒体、渠道、用户都发生了根本改变。具体而言，过去的媒体表现为单向、垄断、大规模投放的状态，而如今的媒体则表现为互动、开放、精准的状态；过去的渠道是实体的、多层级的模式，而如今的渠道是虚拟与实体相结合、趋向于扁平的模式；过去的客户是孤立存在的、处于弱势地位，而今天的客户是社群模式的、彼此关联的。因此，品牌成功的重点并不是快速捕捉客户心智，在短期市场竞争中取得第一名，而是持续满足用户需求，使企业成为客户做出决策时的第一选择对象。

贝亲是全球第一的儿童护理产品制造商。贝亲在进入中国市场进行品牌传播时，将重点放在了医院渠道上。2009 年，在与中国卫计委的联合项目运作下，贝亲在 34 家主要医院里开设了母乳喂养咨询办公室。至 2018 年 1 月，贝亲已经与全国约 280 家医院建立起了良好的合作伙伴关系，培养起一支专职的育儿专家队伍，为无数孕产妇提供关于母乳喂养主题的教育与咨询活动。

在上述公益活动之外，贝亲还非常重视与消费者的有效互动。比如，贝亲在官方社群“妈咪俱乐部”持续开展免费试用活动和咨询服务，还

通过微信、微博等公共平台与消费者直接沟通。此外，贝亲还通过形式多样的品牌推广活动（如婴童展览会、全国巡回亲子活动、母乳喂养宣传活动等）全面普及育儿知识，帮助消费者提高育儿能力，与之建立持续的情感链接。

通过线上线下的立体式的品牌推广活动，贝亲强化品牌的专业性，并在潜移默化间获得了消费者的极大认可与信任，使很多妈妈在选择母婴产品时自然而然地会先想到贝亲的产品。

可以说，新时代给予品牌更丰富的内涵，也使品牌获得了打造持久生命和崭新面貌的机会。在现在以及未来，各类产品品牌的数量会越来越多。而对于品牌方来说，努力朝着“只做用户的第一选择”，这才是品牌方的最好选择，也是未来的唯一选择。这已然成为市场发展的一种必然趋势。

第三节　全面解读新需求，深度定义新时代的品牌概念

对于任何企业品牌来说，都需要面对一个问题：其过去的客户在一年年地老去，整体购买力可能在逐渐下降；与此同时，一批批“新生代”

在逐渐成长起来。不同的消费群对品牌有着不同的观念、认知与需求，这是企业品牌重构时必须关注的方面。

1. 明晰新生代消费群体的现实需求，把握新消费特征

不同的时代，人们的观念在发生着极大的变化，这些变化为企业与品牌的发展提供了风向标——它反映了消费者“真正想要什么”，在某种程度上反映了需求走向。

以 Z 世代为例，如今的 Z 世代（主要指在 2000 年后出生的人，也包括部分 1995 年之后出生的人）逐渐成为消费市场的主力军，而他们的需求与八九十年代的消费者的需求表现出明显的差别。

美国财经商业网站 CNBC 的一篇文中提及，在与有影响力的品牌建立联系时，Z 世代相对更为关注品牌产品的质量。一名 16 岁的受访女孩写道，“我们更喜欢那些支持本土英雄的公司，而非行业巨头。”对于品牌公司来说，Z 世代可能是很难影响的一群人，有 75% 的受访者表示“我们不会追逐最新流行趋势”。而且，Z 世代消费群体偏爱那些值得信赖的、富有创造力的品牌及产品，如匡威、星巴克。还有 25% 的受访者表示，他们正在存钱准备购买奢侈品，而他们喜欢古驰（Gucci）更甚于蔻驰（Coach）。

可见，新一代消费者对于消费有着独立的主见，有着自己特别的消费观，不容易随波逐流，这一特征是与以往消费者群体的特征截然不同之处。因此，企业必须把握好这一群体的消费特征，据之重构品牌，探索新的品牌内涵。

2. 及时应对非常规情况，灵活把握品牌的覆盖范畴

品牌设计建立在一定的假设前提条件之下。如果外部环境中出现了非常规、超出假设的因素，企业必须在较短的时间内快速进行调整与应对，确保品牌内涵的有效呈现。

比如，在防疫期间，消费者在消费时最关注的因素是安全性与便利性。如果某个品牌在这两个要素上的表现力不足，那么它就需要对品牌表现力进行调整或品牌重构。不过，如果品牌在设计之初便考虑了这些要素，那么在此时只需着重强调这一品牌特质即可。

总体而言，这涉及企业在品牌早期定位、品牌覆盖范畴以及品牌表现力等诸多方面的系统性与远见性考量。

3. 以不一样的品牌定位，阐释更有深度的品牌内涵

对于企业来说，如何让自己看起来独一无二，这是其品牌设计与重构的立脚点。一个追波逐流的品牌是难以获得市场消费者认可的，唯有瞄准消费者最真实的需求，充分呈现品牌内涵中的“不一样”，才能稳操胜券地在市场中占领巅峰之地。

以牛奶为例，从表面上看来，似乎每一款牛奶的特征都是大同小异的。然而，在这难以计数的牛奶品类中却有一款牛奶格外深入人心，它有一句广告语：“不是所有的牛奶都叫特仑苏。”这一广告语和品牌定位给特仑苏牛奶打上了“高端”牛奶的标签，由此开创了高端液态奶的全新品类。在逢年过节走亲戚时，特仑苏牛奶也成了人们的首选品牌产品。

除了开创新品类，特仑苏还在包装上做出了很多探索，从瓶盖到瓶身都在不断升级。从2018年，特仑苏开启了梦幻盖之路，改变了牛奶行业使用吸管饮用的传统形式，打破了开启后不易携带的局限性，解决了牛奶开启后无法密封造成的浪费，为消费者创造了多元化的体验。除此之外，特仑苏还将传统文化和现代潮流相结合，呈现出新时代美学质感和由内而外的高级感。

此外，特仑苏在品牌宣传上也是不遗余力。除了常规的广告宣传外，特仑苏还紧跟当下潮流，在一些热度高的综艺节目中植入品牌软广告，比如，综艺节目《向往的生活》。这个综艺节目与特仑苏的品牌调性较为匹配，节目中所呈现的美好场景也为特仑苏的品牌价值加分不少。而且，在这类综艺节目场景中植入品牌也相对自然（比如节目嘉宾用特仑苏牛奶做出一道美食、讲述故事等），更容易让观众接受，不至于产生厌烦感。

品类创新、创意包装和综艺宣传这三条路径让特仑苏成为高端液态奶的主导者。从2006年推出至今，特仑苏品牌已有14年的历史，且在这十余年里始终占据着中国高端牛奶的市场，被人们成为“教科书级别”的存在。可以说，特仑苏的整个品牌发展路径与采用的实践方案，对于诸多考虑品牌重构的企业来说极具探讨和借鉴意义。

第四节　规划产业价值链，吸引客户注意力，强力重构品牌

为了做好品牌重构工作，企业必须能吸引客户更多的注意力，向客户承诺更优质的品牌价值。在实践中，企业可以从品牌设计、品牌质量基点、需求与成本、消费场景、产业模式、品牌形象、口碑与品牌避险等环节进行细致的梳理与系统的把控，帮助新时代的企业经营者形成品牌重构的基本思路。

1. 面向新变化，重新定位与策划品牌，拓展品牌覆盖能力

因为变化，使企业产生了品牌重构的需要。而摸准市场与环境变化与趋势，做出恰当的品牌定位，以爆款产品打出品牌知名度，并形成超级 IP，这是企业形成强势品牌的基本思路。为此，企业必须系统、准确地观察市场变化与趋势特征，对企业原有品牌重新定位与策划，提高品牌展现效果与品牌覆盖能力，为企业品牌持续发展而集聚力量。

2. 任何品牌打造都离不开产品质量基点，强调对产品质量的坚守

任何品牌，无论其市场反应是火爆或冷淡，都必然要以产品为载体。这种产品可能是有形的实体产品，可能是无形的服务类产品，也可

能二者兼而有之。而无论是哪一种产品，它都必须以高质量来赢得客户的信任——可靠性。如果没有质量作为基础，那么打造品牌就是空谈，最终必然被客户所放弃。所以，企业要端正品牌质量意识，把好各道质量关。

3. 客户的高需求与企业的低成本应实现优质平衡

一般而言，高需求、高成本与高价格是相对的。然而，当市场不甚景气时，客户对产品的需求可能不变，但是对产品的价格定位却希望是降低的。这似乎是一个悖论，但却是一种实实在在的需求。此时，简单粗暴地调低价格或以降低原材料成本等方式来降低价格都是不恰当的，正确的做法是找到客户高需求与企业低成本输出之间的平衡，同时也向客户充分呈现这种性价比。这也是企业品牌重构的一个重要思考点。

4. 创新定义消费场景，拓展品牌传播渠道

消费场景和品牌传播渠道影响着客户或消费者对品牌的接受度、购买动机与选择频率。对于企业来说，打破传统的产品消费场景，重构品牌传播模式，使企业品牌产品能够适应当下的客户消费习惯与时代消费特征，这将直接决定着企业是否能够赢得在未来市场上制胜的机会。

5. 规划新产业经营模式，找准品牌在价值链中的位置

企业在整条产业价值链中的位置决定了其品牌力。企业要选择恰当的价值链定位，或确认打造整条产业价值链的必要性。在此基础上，考虑保障其品牌建设的成本收益最大化。这是企业品牌重构与夯实品牌实力的重要探索途径。

6. 以新品牌形象与包装传递品牌文化

品牌形象影响着人们对品牌产品的基本评价与认知。当人们发现某一品牌形象恰好契合自己的心理需求与消费档次定位时，便会形成良好的品牌印象，并作出消费的抉择。企业可以对品牌形象进行创新设计，在视觉、听觉、嗅觉、触觉等维度构建品牌特征，形成能够传达品牌记忆点、基本风格一致的品牌形象方案。

7. 打造正面口碑，最大限度地规避品牌风险

当今时代，真正能够获得消费者认可的品牌，必然是一个有着深厚底蕴的品牌。为此，企业必须采取两方面举措：一是采取主动的品牌运营举措，并打造正向口碑，由此获取稳定增长的消费存量；二是规避品牌风险与危机，维持消费者的长期认可，积淀品牌底蕴，使企业成为存量时代的营销王者。

企业在品牌重构时要慎重考虑上述 7 项内容，做到因应新时代变化与新需求，去创造更大的品牌价值。这也构成了本书的基本思维架构，具体内容将在后续章节详细阐述。

第二章
面向品牌变化趋势，积聚品牌爆红的力量

时代在嬗变，市场在波动，很多看似细微末节的量变实际上却在为有朝一日的质变而持续蓄能。无论是作为百年老字号，还是行业新生代，企业都必须时刻观察市场变化与趋势特征，对企业原有品牌进行重新定位与策划，并持续拓展品牌覆盖能力，为企业品牌爆红与持续发展而积蓄足够的力量。

第一节　锚定未来的市场发展方向，科学定位企业品牌

随着时代的发展与进步，人们对商品的需求已经不再局限于满足吃、穿、用、行等方面的基本生活需求，而开始关注诸如美观、安全、健康、便捷等更高层次需求。消费观念的改变意味着市场与客户对产品信息内容的需求发生了改变。这一变化趋势为企业品牌的重构与持续发展提供了极大的空间。为了确保企业的整体品牌形象得到持续地巩固和优化，企业必须做好品牌的重新定位与规划工作。

1. 关注品牌整体规划，保障企业品牌系的一致性

品牌的重构与发展，并非随意而为。一般而言，企业要遵循的第一个原则是：品牌系的一致性。如果企业未能做到这一点，那么，新品牌将难以获得市场的认同，同时也容易导致原有的品牌形象被混淆，继而在无形中削弱品牌原本的影响力。因此，企业在进行品牌重构时，必须先行考虑对原有品牌的整体规划，建立企业自身的品牌系，明确品牌的各个层次及其在整个品牌系中的作用。

伊莱克斯公司成立于1919年，其主营业务是研发、设计、生产和销售各种电器，并提供相关技术支持及服务。在100多年的发展时间里，伊莱克斯公司在全球家电行业中被视为“最大的家用电器制造商之一”。

伊莱克斯在全球拥有众多品牌，其中不少品牌是各地的本土品牌，这为伊莱克斯品牌的本土化创造了便利条件。但是，复杂的品牌系统对于企业的全球化品牌战略来说却意味着一次极大的挑战。为了让不同国家或地域的客户领略其具有个性化、本土化的产品和服务，并对伊莱克斯品牌形成具有一致性的品牌认知，伊莱克斯在品牌设计上制定了一套全球性标准要求。

比如，伊莱克斯品牌设计中的视觉语言是极富个性的。它以一系列的建筑、室内、产品的图片作为参照物，用一种极具形象化的造型风格和形式来传达伊莱克斯产品所要表现的品牌性格特征：外观纯净、线条流畅、刚柔相济、端正但不拘束等。此外，伊莱克斯的产品造型还体现出一种人性化的特征，即人机之间良性互动、技术应用简易、用户体验便捷舒适等。这一套视觉语言参照系的建立，为伊莱克斯品牌设定了一套产品造型标准。

当然，伊莱克斯所做的不仅限于此。为了突出品牌特色，伊莱克斯还制定了一系列非常详细的品牌设计原则，并对其中若干设计概念做了进一步解释。在这些设计原则中，有一条极为重要的原则，就是：强调企业品牌设计与客户接触的方方面面必须保持一致性。比如，在服务、环境、销售、包装、展览、广告、网站、报刊的设计上都体现出伊莱克斯品牌的特色。

此外，伊莱克斯的品牌设计原则中还列明了那些不属于伊莱克斯特色的方面，甚至以图片形式特别呈现出来。例如，伊莱克斯不是炫耀的、装饰性的、流行的，也不是呆板的、复杂的、不可靠的等，以此与其他企业形成明显的区别，这也是伊莱克斯建立企业品牌系所遵循的一个重要方面。

伊莱克斯在全球本土化市场发展过程中，着力打造其品牌系，在各地市场上建立起了自己的品牌形象，使企业的市场占有率得以不断提高。由伊莱克斯的案例可以看出，随着市场范围的持续拓展，一个成功的企业品牌必然要建立自己的品牌体系，而且无论是主品牌还是副品牌，都要充分反映品牌的核心内涵，在此基础上打造品牌的一致性，提高该品牌在客户眼中的可识别度。除此之外，企业还要考虑品牌系的互补性，即产品的品牌必须明确地支持企业的品牌形象，而且各个品牌都有其特殊的市场受众，实现品牌互补。

根据品牌发展规划的思路，企业在打造品牌系时可以将其操作过程分为六个步骤来进行，如表 2-1 所示。

表2-1　品牌发展规划的操作步骤

步骤	说明
分析企业自身在市场中的定位	从企业的经营理念、产品定位、目标客户群体定位等方面，对企业的市场环境实施全面而细致的分析

续表

步骤	说明
对企业本身进行SWOT分析	对企业自身进行具体的SWOT分析，清楚认识企业的优势，分析企业的弱势，找到企业的发展机会，看到威胁企业发展的方面
确定品牌系的核心价值	在审视企业发展现实的基础上，制定品牌系的核心价值，明确品牌系建设的基本方向
制定品牌系发展规划	面向长远未来，制定品牌系建设与发展规划
制订品牌营销计划并落实活动实施	针对品牌系建设与发展规划，设定品牌营销策略，组织并安排品牌营销活动的具体实施

通过以上基本步骤，企业便可以打造一套极具个性特征的、契合市场变化需求的品牌系，使企业的品牌形象得到有效而持续的巩固和优化，从而不断提高企业品牌的市场占有率。

2. 以现有品牌为基础，持续追求并策划品牌延伸

基于现有品牌，科学实施品牌延伸，这是确保企业品牌永葆吸引力，使品牌长期获得客户青睐的一种有效手段。所谓“品牌延伸”，是指一个品牌从原有的产品或业务延伸到新产品或业务上，多项产品或业务共享同一品牌。

20 世纪 90 年代，伊利仅是冰激凌的代名词。后来，伊利将品牌业务逐步延伸到奶粉产品、牛奶产品、酸奶产品、奶酪产品等领域，并多年在奶制品领域居于领先地位。2020 年上半年，伊利集团实现营收 475.28 亿元。

20 世纪初，华为一度是交换机、客户问题解决方案的代名词，后来其将业务从通信网络向手机延伸。2017 年，华为于 IFA 柏林国际消费电子产品展上公布麒麟 970 芯片，这是世界首款带有专用人工智能元素的手机芯片。2019 年，华为智能手机的全球出货总量为 2.406 亿部，市场份额达到 17.6%。

此外，苹果将自己的品牌从计算机延伸到 iPhone 手机、iPad 平板电脑等；宝马将自己的品牌从摩托车延伸到轿车、轿跑车和越野车，成为全球销量最大的豪华车品牌……这些都是品牌延伸的成功案例。

从这些企业实践来看，成功的品牌延伸可以最大限度地发挥核心产品的品牌形象价值，让新产品迅速得到市场的认同；同时，可以借助客户对原有品牌的忠诚心理，为同品牌系的产品提供相对稳定的客户群体，确保企业能够以较少的投入成本，更快速地抢占更大的市场份额，从而提高企业的整体投资效益。

如果企业的每一次品牌延伸都能够出奇制胜，有效地占领、开发市场，那么这便是值得广大企业品牌去学习与借鉴的。然而，并非所有品牌都适合通过原有的强大品牌来进行品牌延伸，如果操作不当，反而会给原有品牌带来损害。

成功的品牌延伸策划必须关注并满足三个基本条件，如表 2–2 所示。

表2–2　品牌延伸策划的三个基本条件

基本条件	简要说明
分析原有品牌的可延伸性	包括：原品牌的包容性、品牌联想等因素。这些因素通常与原有品牌的核心价值是密切相关的

续表

基本条件	简要说明
新产品与原有品牌在成功优势上是否一致	确认以下内容：原有业务的关键成功因素；新业务的关键成功因素；本企业在原有业务上的竞争优势；是否能将公司在原有业务上的竞争优势移植到新业务上去建立竞争优势；如果企业没有新业务要求的竞争优势，是否能够在短时间内培养起来
分析品牌延伸的方式	即采取哪一种品牌延伸方式，使新品牌更容易、更快速、更有效地获得市场认同

根据成功品牌延伸的实践经验，在开展品牌延伸策划工作时，可以按照以下基本思路展开：

第一，通过对原有品牌的包容性和品牌联想等诸多因素的分析，确认原有品牌是否具有可延伸性。

第二，针对市场状况、竞争者行为和客户心理感受进行细致分析，并确定最终采取何种方式进行品牌延伸。

第三，根据预先确定的品牌延伸方式，确定不同的品牌营销策略，从而使品牌能够借助原品牌的市场影响力，快速、有效地占领新的细分市场。

如果企业能够严格践行以上思路，那么其品牌延伸计划便能够在很大程度上避免因盲目的品牌延伸动作而造成不必要的损失，也更有利于企业进一步巩固原有品牌的市场地位。

3. 分析完全转型的必要性，理性实施品牌转型

规划品牌体系、实施品牌延伸都是在现有品牌的基础上谋求品牌再发展；而为了顺应市场环境的变化，在发展中不断创新，企业也需要主动调整自己的发展战略，比如：放弃占领已久的市场，或将竞争对手拉

进自己的队伍中，也就是实施品牌转型。

总的来看，无论是整个品牌的转型，还是局部的调整，品牌转型都是企业品牌发展管理过程中的必然要求。而对于企业而言，则必须时刻洞察市场的变化，了解品牌在不同时期的内涵和市场对品牌价值的认同标准，进而确保品牌转型的有效性。

（1）进行消费市场调研

客户需求发生急遽变化是促使品牌转型的一个必然因素。因此，品牌转型必须建立在明确客户需求变化的基础上，这是确保品牌转型成功的市场基础。同时，企业要全面分析现有的市场竞争对手的品牌特征和品牌形象，了解现有品牌的优势和劣势，由此寻找差异化的品牌转型途径。

（2）确定品牌是否需要转型

企业在经过市场调研之后，可以根据企业自身产品的特点，推出能够打动客户内心的新概念，这样才更容易让客户记住品牌，并获得更多新客户的认可。对于很大一部分企业来说，完全可以通过品牌延伸，进一步强化品牌的某一既有优势，来打造品牌的竞争力，而不是通过品牌转型。但是，如果企业确认必须通过品牌转型才能重新获得企业在某一领域内的竞争力，那么则需要认真思考品牌转型的方向、形象以及具体推广模式等。

（3）保障转型后的新品牌规划与落实

从某种程度上来讲，品牌转型意味着品牌的重新定位与策划。对于一个企业来说，品牌转型的任务是非常艰巨的。总体而言，企业考虑品牌与企业发展战略的匹配度，做到相互贯通；区分企业品牌与产品品牌，要给客户以清晰的品牌定位，避免在客户心中留下混淆的印象。

从实践角度来说，企业必须把品牌转型工作事项视为企业各项工作中的重点，并为之设计一整套科学系统的品牌设计方案和切实可行的品牌营销推广措施，以此保障新品牌的定位、规划和落实效果。

可以说，市场竞争是一场大浪淘沙的优胜劣汰。优秀的企业必须懂得审时度势，科学地展开品牌转型，才能在一次次的探索和尝试中为品牌的发展注入崭新而强大的生命力。

第二节 基于恰当的品牌定位，为品牌赋予恰当的品牌调性

品牌价值的高低在很大程度上影响着市场客户的认同度和市场占有率。所以，企业必须提高品牌价值。而为此，企业就必须掌握客户价值需求，为品牌予以恰当的定位；特别是要针对目标客户群体的需求特征，赋予其最恰当的品牌调性，甚至在必要时调整品牌调性。

1. 分析价值元素，使品牌契合客户价值体系

每个人的内心世界都是极为复杂的，而其内在价值体系又是极为抽象的。因此，企业必须明确分析和描述客户的价值体系，并形成一

种独特的“语言符号”来解读客户，从而使品牌定位与客户价值体系相契合。

罗兰贝格指出，客户价值体系可以分解为若干个基本的价值需求元素，这些价值需求元素之间的不同组合构成了客户各不相同的价值体系。表 2–3 展示的是罗兰贝格客户价值元素说明。

表2–3　罗兰贝格客户价值元素说明

质量	定制化	新潮/酷	简约
·追求可衡量的质量表现 ·追求可靠性、有效性、耐用性	·寻求个性化和独特性 ·喜欢灵活性和多样性	·标新立异、喜爱新事物 ·寻求变化与新的刺激	·追求简约化 ·低调
·对产品和服务的要求高于同行业平均水平	·追求最大程度的个人介入	·追求反叛、与众不同 ·前卫、激进	·反对浪费、奢侈，寻求耐久性
美誉	亲和力	刺激/乐趣	自然
·相信成功的经验、规则和传统 ·追求最大的可靠性、安全性、严谨性 ·重视品牌历史的美好联想 ·相信有科学试验的保证	·寻求归宿感、温暖，希望被群体接受 ·寻求团结、友谊和团队精神 ·喜欢与朋友和家庭共度时光	·寻求兴奋和冒险，追求对个人的挑战，寻求极限的体验 ·喜欢叛逆性的突破常规 ·刺激、挑战胆量，在冒险中寻求乐趣和证明自我	·提倡高环保标准，与自然界的和谐，反对“剥削”大自然 ·愿意为自然牺牲自我 ·相信自然界的力量，希望人与自然和谐相处
服务	自由	激情	高尚
·寻求有效而可行的建议 ·喜欢简单明确的信息 ·希望被关注和尊敬 ·渴望令人感到温暖的交往	·易满足、轻松、快乐 ·无忧无虑 ·积极、乐观 ·不喜欢受约束，希望多样化的娱乐	·希望引人注目 ·渴望爱与被爱 ·拥有深刻、复杂的情感 ·喜爱消费 ·表现欲强、自我陶醉	·高道德标准 ·反对贫富不均、反对奢侈 ·愿意为人类的利益牺牲自我 ·积极参加社会公益活动

续表

科技	活力	追求	明智购物
·科技导向、寻求快速方便获取大量信息地方法 ·追求最佳表现，采用最新的科技成果、追求全球同一标准 ·人际交往“电子化”“虚拟化”	·追求身心健康、有活力 ·喜欢运动 ·寻求健康、有活力的生活方式 ·主动、活跃、积极、自由	·不安于现状、需要获得更大的成功 对未来个人发展有清晰目标 ·不懈努力 ·需要获得他人的认可和尊敬	·积极进行价格谈判 ·系统地寻找价廉物美的商品 ·节省
个人效率	古典	安逸	全面成本
·希望时间利用最佳 ·希望最高效率 ·寻求日常生活中的方便和舒适 ·对灵活性要求高、备用方案多	·渴望永久的魅力和风格 ·崇尚美丽 ·追求高雅情调 ·推崇贵族身份、精英思维	·寻求平静和放松 ·希望放慢速度、缓解压力、继续充电 ·期望和谐、寻求内心平静 ·喜欢独处	·单纯地由成本决定 ·极端理性化 ·仔细计算每一分钱

在列出客户核心价值元素后，企业需要将这些元素整合到一个分析框架中，以明确各种元素彼此之间的关系以及其对品牌的影响。为此，企业可以建立一个矩阵，对客户价值元素进行分类，然后在此基础上形成客户价值分布图。

罗兰贝格认为，中国客户的价值分布可以划分为3个区域：个性化价值区域、传统价值区域和节制型价值区域。其中，个性化价值区域所包含的是那些相对激进的价值元素，传统价值区域所包含的是那些能够得到广泛认同的价值元素，而节制型区域包含的则是相对保守和自我约束的价值元素。经研究发现，受现有收入水平制约，目前能够真正促进中国客户消费的价值元素主要集中在个性化价值区域，而诸如活力、服务和质量等传统价值区域的价值元素则难以说服中国客户为之支付更高的溢价。也就是说，在现阶段进行品牌定位和再定位时，如果以传统价值区域内的价值元素作为关键词已经难以打动客户，那么如果能够更好地考虑个性化价值元素，则可能为企业品牌打造一个新天地。

在实践中，企业可以借助利用客户价值元素分布图来分析整体市场和竞争关系的变化情况与发展趋势，分析各细分市场（如年龄、收入、职业等）客户的需求差异化特征、地区性需求差异、自己或竞争品牌的实际品牌价值（AVP），发掘自身品牌的优势和劣势，然后制定或优化品牌战略定位，确保企业品牌能够与客户建立更长久而紧密的纽带。

2. 聚焦品牌价值呈现，有效提升企业品牌力

在互联网技术、大数据、人工智能等前沿科技高速发展的时代里，许多行业领域的企业都已经把品牌力提升作为提高企业竞争力的关键点之一。

以国产手机为例，近年部分国产手机品牌在品牌力提升方面表现非常突出。比如华为手机，其主打中高端商务路线，在核心技术、外形、功能等方面体现出了其品牌的差异化。在营销手段上，华为采用了国外售价高于国内售价的策略，并持续在欧洲投入大量资金，赞助五大联赛，并聘请明星代言，而一则 MV *Dream It Possible* 更是引爆欧美和国内市场，使华为“柔软、有温度”的品牌调性深入人心。而另一个国产手机品牌小米手机则选择了年轻消费群体。小米将品牌定位为青春时尚人群的首选手机，同时在外观上不断创新，迎合新消费群体的喜好。可以说，通过精准把握市场与用户的需求，这些国产手机的品牌力与企业价值正在以一种难以阻挡的强劲势头一路狂飙。

了解了品牌力对于企业价值和市场竞争的重要性，那么如何有效提升品牌力呢？实践证明，要想最大限度地提升和突显企业品牌力，提升企业价值，企业就需要实现品牌定位、品牌形象、品牌调性三位一体，让市场与客户认可企业的品牌价值。

以蒙牛为代表的奶制品行业龙头企业，在品牌力提升方面做出了巨大的努力。特别是近两年来，抓住互联网经济和经济全球化的两股趋势，蒙牛加快了“食品安全更趋国际化，战略资源配置更趋全球化，原料到产品更趋一体化”的品牌力提升步伐，明确了自己的品牌定位、品牌形象与品牌调性，并做到了协调统一。

蒙牛将品牌定位为“只为优质生活”，同时给出郑重承诺“从每一滴原奶的品质抓起，让更优质安全的乳制品创造的点滴幸福陪伴每一个家庭”，这也树立起了蒙牛“健康可信赖、温暖有责任”的品牌形象。此外，蒙牛还保持着“健康、贴近大众”的品牌调性。可以说，蒙牛已经将三位一体理念完美融入品牌核心发展理念中，将自己打造成为贴近大众的健康奶制品品牌，同时朝着国际化一流品牌稳步迈进，在国际市场和国内市场获得了双丰收。

对于任何一个企业而言，品牌力的跨越提升是其渐具国内国际影响效应的直接推动力。无数的企业成功案例已经证明，若企业能够有效呈现价值，在品牌定位、品牌形象、品牌调性上做到三位一体、协调统一，那么，企业必然会获得卓越的品牌力，而后无论市场如何变幻，企业总会先人一步、赢得人心、取胜市场，实现最高份额的市场丰收。

3. 设计独特的品牌调性，进行必要的调整

在品牌力提升过程中，企业要特别注意品牌调性的问题。所谓“品牌调性”，其实是一家企业长期的、相对稳定的、统一的风格，是客户对品牌的直接印象。这种风格最终达到的目的是让目标客户能够快速、准确地识别出品牌，并形成认知，进而培养出粉丝经济，产出经济利润。

一般而言，每一种品牌在建立之初都需要考虑其调性问题。恰当的调性设计会让目标客户更容易接受该品牌的产品或服务。一般而言，品牌调性一旦确定，便不会轻易改变。

而随着市场核心消费群体的变化，年轻群体在客户人群中的占比越来越多时，企业则需要及时对品牌调性进行调整，使之契合新一代客户的心理需求。一个典型的例子就是百雀羚，它在保留传统国货的品牌调性下紧跟“潮流”，实现了品牌向年轻化转型。

成立于1931年的百雀羚，是中国国民品牌中当之无愧的老字号品牌。然而，随着时代的变化，百雀羚却因遭受国内外品牌夹击和自身品牌形象老旧等因素，在市场上几近消失。直到2004年，百雀羚开启了品牌重构之路。

在对全国性市场调研数据进行研究分析后，百雀羚启用了全新“草本护肤”的品牌定位，并提出了“中国传奇，东方之美”的全新品牌理念。

围绕这个新定位，百雀羚加大了产品研发的力度，极大地丰富了产品系列。2017年，百雀羚携手故宫文化珠宝首席设计顾问钟华跨界合作，共同定制匠心打造“燕来百宝奁”限量礼盒和“喜上眉梢”簪。2018年10月，百雀羚与钟华再次合作出品了宫廷限量雀鸟缠枝美什件礼盒和肌初赋活燕来胜礼盒，还合作了《见微知著》的TVC大片。燕来百宝奁35秒便售罄；2018年的美什件套装在“双11”预售排名中高居榜首，超出第二名6000件。而2019年10月，百雀羚又与敦煌博物馆合作，携手中国工美行业艺术大师、非遗敦煌彩塑技艺传承人——杜永卫推出护肤套装及敦煌悦色岩彩彩妆系列，致敬东方文化。而后，百雀羚再次牵手《上新了·故宫》，在集东方之美的故宫之中继续探寻中国文化传奇。

百雀羚实施多品牌战略。除去同名品牌百雀羚外，百雀羚旗下还包括三生花、气韵、海之秘、小雀幸、小幸韵等品牌，更贴近新一代客户的需求。

此外，不得不说一下百雀羚的内容营销。百雀羚多个H5页面的创意广告曾在朋友圈、微博等社交网络上经久不息地刷屏，比如《四美不开心》视频广告、《1931》H5页面广告已被广告界作为经典案例。

很久以前，一提到国货护肤品牌，人们就会下意识地联想到“廉价”“低端”等标签。而通过传统文化对品牌调性的创新表达和多品牌战略，国内客户开始用“国货精品”“国货之光”的标签来标记这个历久弥新的老字号。2017 年，百雀羚成为国际化妆品化学家联合会（IFSCC）在中国的首个金级会员，2018 年跃升为荣耀金级战略伙伴。

进行品牌重构后，百雀羚不仅摆脱了老国货的陈旧印象，还迎合了年轻群体的消费需求。从市场成绩上来看，百雀羚的战绩喜人。在 2019 年“双 11”之际百雀羚不到 10 分钟就实现了销量破亿元，且实现了连续五年国货全网第一的销售佳绩；全年销售额从 2012 年的 18 亿元增长到了 2018 年的 230 亿元，增幅达 11 倍。

从根源上分析，企业老品牌之所以能够再次崛起，恰恰是源于企业对时代变化与消费升级趋势的精准把握，从而使其品牌产品获得了更高的新客户群体认可度，并吸引了更多的新一代客户。

第三节　集中力量打造爆款产品，拉升企业品牌知名度

任何品牌爆红都必然依托爆款产品（简称“爆品”）作为载体。所谓“爆款产品”，是指某种产品（包括实体产品、服务、平台等）在年度

业绩上做到了同行业第一，让客户或用户能够直接感知或颠覆了人们对现有产品的基本认知，并由此形成了良好的口碑效应。很多知名企业品牌都是从一款爆品起步，科学规划爆款潜质，打出产品和品牌的知名度，以极快的速度吸引到一大批目标客户。

1. 遵循极致原则，集中力量研发爆款产品

任何企业都应坚持采用极致原则做产品，集中当下掌握的所有资源，去输出一款极致的实体产品或者一款极致的服务。只有这样，企业才能满足客户的个性化、多样化需求，从而占据更大的市场份额，获取更多客户的认可。

（1）极致的表现之一：产品的高性价比

所谓“极致”，是指用最好的原料、最低的成本来打造出一款具有最高性价比的产品，使竞争对手无路可走，从而将尽可能多的目标客户吸引到自己的市场阵营中。但是，真正想要做到极致却并非易事——需要企业付出大量的时间和精力。

小米成功遵行的“七字诀”中，有一个词便是“极致”。小米旗下的紫米科技公司专门生产移动电源。这家公司生产的移动电源，是采用最好的原件来制作出铝合金外壳，容量达10400毫安。在市场上，同等配置的产品的售价为二三百元，而小米电源的售价仅为69元。所以，这款极致的产品甫一上市，就引起了市场的爆炸式反响，在销售量最大的一个月里竟然卖出了300万个，营业额突破10亿元人民币，而当时小米公司的员工仅有四五十人。

可见，在市场信息日趋透明化的形势下，企业必须在质量、功能、价格等方面做到极致，才能让产品吸引客户的注意力，进而获得急速引爆销售端的机会。

（2）极致的表现之二：输出高于客户预期水平

当客户曾经有过对企业产品或服务的体验之后，企业若想持续获得其“芳心”，就需要再次创造超过其已有体验和预期的新输出。而要想超出客户的预期值，企业就必须先行准确掌握客户的预期值，然后才能打造出超体验的产品或服务输出。

以酒店服务设计为例。如果酒店提供的饮品都属于收费项目，且售价高于附近超市售价的数倍，但却能够提供免费的纯净水，或者在炎热的夏季提供冰镇纯净水……这种体验设计虽然细微，但却可能为客户创造一种超预期的体验感。

小米公司的创始人雷军曾说：“极致就是把自己逼疯，把别人逼死。”可以说，只有当企业将客户体验当成产品或服务设计时的核心目标，能够秉持极致原则，去打造一种高于客户预期体验的产品或服务时，企业才能真正赢得客户的好感和称赞，进而创造出更高的经营业绩，打造出企业的爆品。

2. 找准产品情绪内容，建立和谐的情绪共鸣

美国品牌专家凯文·莱恩·凯勒认为，品牌共鸣是品牌资产的最高层次。企业要想提高品牌势能，就要找准品牌与客户的情绪共鸣点，让品牌与客户之间产生和谐的情绪共振。为此，企业可以从以下方面入手。

（1）找对产品内容，引发客户情绪共鸣

在产品同质化的时代，哪个产品的内容更能引发客户的情绪，形成共鸣感，那么哪个产品和企业就领先于同类竞争者。而情感共鸣意味着客户和品牌内容之间“既有情感联系，又有行动承诺”。这种情感联系是指客户通过产品内容形成对品牌的依恋，直至达到至爱的程度；行动承诺则体现在客户重复购买品牌、向他人推荐品牌以及抵制品牌负面信息等诸多方面。

小红书是一个生活方式平台和消费决策入口。在小红书社区，用户可以通过图片、文字以及视频等来记录自己身边的美好生活并分享。一些女性会在小红书上发布某些产品使用体验；小红书会通过大数据，向同一兴趣群体进行对信息的精准匹配与输送，并由此取得很好的“安利”效果。同时，很多时尚女性也以是否使用小红书 APP 为标准来选择、建立和扩大自己的社交关系圈，产生社群归属感；而这些使用者们也会因对小红书的喜爱而自然而然地使用小红书，向他人推荐，由此为小红书壮大其用户群体规模。

一些企业为了达成与客户之间情绪上的牵引与共鸣，还非常重视增强客户与品牌内容之间“同喜同悲”的程度。比如，不少品牌在产品内容规划之时就为产品注入了强大的品牌基因，打造出极具独特性的内容性产品。内容性产品一般都赋予目标客户一种特征鲜明的身份标签，让他们产生一种社群归属感。这样，在客户选择产品时，就会自然而然地产生情绪共鸣。而且，当这部分内容被植入产品之后，产品还变成了一种实体化的社交工具。客户要想使用该社交工具，便会与这个产品开启了最直接的第一道互动环节。

（2）找对情绪，触发客户的右脑商品效应

品牌产品必须聚焦内容，做到：有温度、有情感、能够引发客户情绪。在当今时代，品牌已经很难单单基于产品性能来吸引和获取客户，最终仍然需要依靠能够激发客户感性认知的右脑商品。这就需要品牌在产品内容中注入属于自己的“有力的情绪”，去感染客户的情绪，或者去找客户情绪的高潮点，以此拉动客户的共鸣，建立二者之间的强关联。

2013年，可口可乐公司曾在中国市场上推出了一款标签瓶产品，叫作“可口可乐昵称瓶”。在每个昵称瓶上都写着这样一句话：“分享这瓶可口可乐，与你的××。”这个句式中的昵称都是当时的网络热词，比如：白富美、女神、男神、天然呆、邻家女孩、纯爷们、有为青年、萌妹子、小萝莉等。这款标签瓶迎合了当时的网络文化潮流，使广大网民被它深深吸引。于是，市场上迅速掀起了一股“寻找专属自己的可口可乐”的风潮。

在这次活动中，可口可乐在线上完成品牌宣传之后，广大客户即可在线下购买了“自己喜欢的昵称”的可口可乐，由此触动了客户的情感体验，也使可口可乐的品牌和口碑因此更加深入客户的内心。

3. 选择打造爆品的路线，加大爆品的可能性

在产品繁杂的市场上，爆款产品并不是凭空产生的，在它们出现之前往往已经存在同类产品。只是爆款产品本身具备了一些爆款因素，所以增加了其成为爆款产品的机会，为企业品牌势能的积累创造了条件。

（1）18 个爆款因素与 4 个产品公式

在打造爆品方面，很多学者和专家提出了大量的理论及经验总结。

汪继志先生结合近些年来的爆款产品，分析并总结出 18 个爆款因素与 4 个产品公式，前者如表 2–4 所示。

表2–4　爆款产品的18个爆款因素

爆款因素	说明
显性大众需求	市场上存在大量的同类产品，并已经形成了一定的产业规模，比如马克杯、智能手机、按摩洗脚盆等
潜在大众需求	随着生活模式的变化，部分客户需求逐渐凸显出来；但是，目前没有切实满足客户需求的产品仍然采用之前类型的产品去“将就”，比如办公健康与健身需求等方面
大众审美	当前的大众审美很多是倾向于极简主义风格的。这类风格虽然难以让人非常喜欢，但也不至于太厌恶。比如，人们在选择服装时为了确保穿衣的高适宜度，经常选择黑、白、灰三种颜色；但要想获得客户的喜爱与认可，企业就必须在服装的比例、材料、质感、做工等方面下足功夫
体验升级	产品的体验涉及很多方面，总结起来，主要是：效率更高、质量更好、操作更方便

续表

爆款因素	说明
颜值比	颜值比是吴晓波在2019年度分享时提出的一个关键词，也是当下的一个产品发展趋势。目前，很多产品正在从极简风格逐渐向各类情感化风格发展，不过在不同行业表现出的情况有所差异
低毛利	与低成本不同，低毛利是指以极低的利润率和极大的出货量来维持企业的正常运转。低毛利战略的实施有很多前置条件，如客流量、供应链控制能力、资金持有量等
利润空间	利润空间是指该行业中售价与成本的差额，留出合理的利润空间，从而帮助渠道进行有效拓展。大多数行业的利润空间维持在成本的3倍左右
产品口碑	产品口碑的背后隐藏着一整个产品系统。该系统以产品质量为基础，以人性化和效率为重点，以外观风格为基本传播点
产品传播属性	传播属性包含两个方面：一是产品使用环境是否处于群体环境下；二是产品本身是否具备被传播的独特卖点，或者是区别于同行业其他产品的外观特征。良好的传播属性可以使产品在市场传播过程中取得事半功倍的效应
技术替换	技术替换是采用不同的技术来满足同一种需求。使用该技术，可以形成一种全新的产品形态。这会产生一定的市场颠覆效果，同时也会产生因技术普及而造成的教育成本
技术突破	技术突破是指企业在原有技术的基础上进行性能提升或功耗下降的操作。相对于技术替换来说，技术突破在产品更新迭代过程中是长期存在的，也是企业产品推陈出新的主要方向。在实践中，关键性技术的突破甚至可能改变整个行业的现状
专利布局	爆款产品想要持续时间更长，那么就不可缺少在专利上的布局。专利布局要做到全面，不仅是要面向该产品已有方案的布局，还要把能够想到的方案都进行保护性申请，防止其他品牌短时间内上市，造成市场受损
产品质量	产品质量是爆款产品的基石，无论产品的性能和外观表现得多么卓越，只要存在或大或小的质量问题，那么产品就可能因市场放大效应而在极短的时间内被毁掉。所以，企业需要严格把控产品供应链及每一道环节的验收标准，切忌心存侥幸
大平台UV（独立访客）	大平台UV是指单一平台能够落实到具体产品的流量。比如，淘宝平台具有很大的流量，但是最终落实到具体某个产品上的流量却是非常有限的；而如米家这类平台，其单款产品的流量相对较大，流量红利非常可观

续表

爆款因素	说明
完整的渠道系统	完整的渠道系统是指品牌商在线上或线下的渠道进行完整的、全方位的渠道布局，拥有强大的销售系统，并且具有一套科学的控制方法，防止因渠道串货问题而阻碍产品在市场上的持续发力
爆发点	爆发点可能是搭上一个大的流量平台，也可能是通过不断探索找到核心用户群
生产周期	生产周期是指从来料、产品上线、产品下线等一系列流程时间，也可以理解为“产品补货所需周期”。一般而言，产品的生产周期越短，补货越及时，企业越能有效满足市场需求；而若产品生产周期过长，则很容易导致因出现市场空缺而给其他品牌带来可乘之机
产能	产能是指产品在一个月里的最大产品出货数量。一般而言，产品出货数量会随着时间推移而增大，即产能爬坡。产品生产初期往往需要一定的时间来爬坡，而且产品装配程序越复杂，产能爬坡速度越慢

以上 18 个元素组合便构成了成就爆款产品的基本方式。

4 个产品公式如下：

公式一：显性大众需求 + 大众审美 + 低毛利 + 大平台 UV + 产品质量 + 口碑 + 供应链能力

公式二：显性大众需求 + 体验升级 + 颜值 + 利润空间 + 完整渠道系统 + 传播属性 + 口碑 + 专利布局 + 产品质量 + 供应链能力

公式三：潜在大众需求 + 技术替换 + 专利布局 + 利润空间 + 传播属性 + 爆发点 + 口碑 + 产品质量 + 供应链能力

公式四：显性大众需求 + 体验升级 + 利润空间 + 技术升级 + 颜值 + 专利布局 + 传播属性 + 渠道系统 + 口碑 + 产品质量 + 供应链能力

可以说，一款产品成为爆品必然是多种因素共同催生的结果。而不同的企业都有自己适合走的爆品打造路线。为此，企业需要分析自己的优势资源，选择更为恰当的爆品公式，以增加成就爆品的可能性。

（2）找准热卖属性，提炼爆款标签

选好爆品路线之后，就要挖掘产品的爆款属性，加贴独特标签了。

首先，产品本身要具有热卖属性，这样它才可能成为爆款。比如，在天猫平台上，客户会根据不同的属性来搜索产品，那么带有这个属性标记的产品才会被呈现在对应的页面上；而如果产品标签并不热销，那么它就很难真正被推送到客户的面前。这就意味着，当产品被归于热卖属性跟搜索量极大的词汇沾边时，它的搜索量乃至销售流量自然会大幅增加。

然后，要给产品加贴一个独一无二的标签，使之从大量的热卖品类中脱颖而出。简单地说，呈现产品与同类竞品的不同之处，使其热卖属性与其他热点（或是某些可能成为热点的方面）结合，形成独特的热卖产品标签。

当然，在此过程中也要注意在客户认知中建立爆品与品牌之间的关联，避免因客户只认产品、不知品牌而降低了品牌影响力。

第四节 全力打造品牌IP，持续拓展品牌覆盖范围

品牌的重要价值之一就是呈现差异化特征。而差异化又分为两种，一是一般层级的差异化，可以帮助企业从低端价格战中摆脱出来，避免恶性竞争；二是顶级差异化，可以推动企业进入行业蓝海——客户不再纠结于企业产品或服务的价格，而是因“物有所值”的价值判断而心甘情愿地为产品或服务埋单。最常见的顶级差异化就是以 IP 驱动的差异化。

1. 用超级 IP 打造品牌，助力企业实现顶级差异化

在如今的市场上，已有越来越多的 IP（Intellectual Property，知识财产）涌现出来。其中，较为常见的 IP 当属动漫形象 IP。

奥飞动漫公司曾出品了一把天地雷霆剑，在京东平台上标出售价：318 元。对于产品使用者——孩子来讲，这是一款用来与怪兽决战、维护宇宙和平的超强武器，这 318 元的售价并“不贵”。而对于实际客户——家长们来说，他们即便并不认同，但也不得不因孩子的坚持而埋单。

为什么这把剑会被孩子们赋予如此强大的作用呢？这是因为，奥

飞动漫公司旗下不仅有玩具制造工厂，还有动漫工作室、嘉佳动画频道。该公司的动漫工作室先产出一系列动画片之后，然后在动画频道播放。而孩子们在电视上看过这些动画片之后，会将这把剑的功能价值植入自己的脑海中，并努力在现实中拥有它。因此，虽然这把剑的实际制造成本只有几十元甚至更低，但是家长们却会以高出数倍的溢价来为孩子们埋单。而奥飞动漫恰恰是通过"开发动漫产品—动画频道播放—玩具工厂生产"这样一条环环相扣的路径，为企业打造出属于自己的独立 IP。同时，也使得其他企业难以进入，由此为自己成功拓展出了一片蓝海。

目前，已经成功打造出超级 IP 的企业不在少数，而且这些企业之间并不存在直接的竞争关系。这是由以下原因造成的：

（1）IP 本身各有独特之处

仍以奥飞动漫的产品为例，其出品《超级飞侠》之初便严格按照国际标准来制作，在每一集动画片里，超级飞侠都会去不同的国家和地区递送包裹，在帮小朋友解决困难的同时，还融入了各地民俗文化、风土人情以及语言等多元文化，实现了寓教于乐。

（2）IP 之间是并行关系，并不冲突

孩子们可以为自己喜欢的动画片排排序，先看美国的迪士尼公主，再看日本的花仙子、奥飞动漫的巴拉巴拉小魔仙；或者按其他顺序依次观看。而且，这些动漫形象的延伸产品之间并不冲突，是可以一起买回家并分时段玩耍使用的。

2. 通过 IP 延伸，覆盖更多的产品领域和客户

在诸多卡通形象 IP 中，有很多产品是国内年轻客户已经耳熟能详的，比如米奇米妮、超人系列、迪士尼公主、Kitty 猫等。除了我们刚刚说过的，这些形象都有对应的卡通片在电视或视频网站上播放，目标客户群体对这些卡通形象非常熟悉，而企业则以此为始，打造出一条龙的差异化发展路径。事实上，在这条差异化发展之路上，企业做出了非常多的探索，将这些卡通形象设计逐渐渗透到了很多产品领域。例如，有卡通形象或标志的公仔、玩具、服装、文具、手机、音响、手表、手提包等。这些都是品牌延伸的直接表现。

从本质上来说，这些产品和品牌延伸的领域已经超过了客户对普通产品线延伸的既有认识。因为，它们所采取的延伸方式并不是以强化品牌资产为导向，而是以目标客户的生活形态为导向。它具体表现在：任何目标客户会使用的产品，都有可能成为这些卡通形象 IP 延伸覆盖的对象。

而且，这些卡通产品的客户并不限于儿童，一些成年人也会收集相关产品，甚至包括与一些知名企业设计联名款产品。

Hello Kitty 和 Daihatsu（日本的大发汽车公司）合作，把那张可爱的小猫脸印制在小汽车上，甚至还把它印在了钻石手表、咖啡机等产品上；迪士尼以米奇形象与波司登羽绒服、周大福珠宝公司等企业联合出品了各类联名款产品。

这种品牌产品更新与延伸的速度，是很多企业目前还不能企及的。然而，对于企业来说，产品的延展覆盖率越高，其品牌知名度越高，实现品牌爆红的几率就越高。

3. 选择合适的 IP，有计划地开展长期培育

IP 形象的设计可以有很多选择。

最常见的是卡通 IP，比如前文中介绍的各种卡通形象。不过，这类 IP 形象是需要长期培育的。比如，20 世纪 70 年代生人曾经非常熟悉的蓝精灵、丁丁历险记等卡通形象，因其数十年未进行内容更新，所以其 IP 的吸粉效应已经较为薄弱；而变形金刚、米老鼠、唐老鸭等卡通形象，则不断以各种形式推陈出新，因此时至今日仍然具有极其强大的吸粉能力。

还有一种是人物 IP。近几年，很多企业将企业创始人、掌舵人予以 IP 化，将个人精神注入品牌和企业文化中，从而产生了巨大的市场和社会号召力。如乔布斯之于苹果、雷军之于小米、董明珠之于格力……都是通过人物 IP 来实现品牌具象化，对客户进行心智卡位。

在商业实战中，优质的品牌 IP 或者说超级 IP，具有不输于真实世界中大明星的吸粉效应。企业要抓住产品内容或从产品形象入手，为企业打造可发展的 IP，并让 IP 与企业品牌之间建立强关联。

第三章

产品当道，质量为王，长期筑牢品牌的根基

品牌之所以能够赢得客户的信任，其关键在于产品或服务的可靠性，而可靠性必须以质量作为支撑。如果脱离质量而谈品牌，那么品牌终究不过是企业设计出来的一个符号而已，终究会被市场洪流所淹没，被客户所抛弃。因此，企业必须关注客户质量需求及变化，强化全员质量意识，在产品设计阶段做好对产品质量的规划，并强化整个产品实现过程中的质量控制。

第一节　始终以高质量为基础，逐步实现产品升级换代

在市场环境中，客户之所以选择某个品牌，往往是因为这个品牌的产品或服务达到客户“买了称心、用了放心”的心理效果。也就是说，企业品牌塑造和再造都必须建立在高质量的基础之上。

1. 打好内在质量基础，获取客户深度信任

客户对品牌保持信任的态度，这是产生消费行为的基础。而品牌信任则必须以过硬的品牌质量为支撑。如果品牌质量出了问题，那么再大的品牌也会由此遭遇巨大危机。

日本丰田汽车一度位列世界汽车销售排行榜之首。但是，从 2009 年年底开始，丰田汽车频繁爆出质量问题，在短短数月里相继发生各类“召回门”事件，丰田在全球召回汽车高达 800 多万辆，甚至远远超过了其 2009 年全球总销量——698 万辆。有人大致统计了丰田车在此阶段里的召回情况，如表 3–1 所示。

表3-1　丰田汽车召回统计

时间	地区	数量（万台）	涉及车型	召回原因
2010.2.9	日本	22.3	新普锐斯、SAI、雷克萨斯HS250h、普锐斯PHV	制动系统故障隐患
2010.2.7	日本	—	Sai和雷克萨斯油电混合动力车	刹车系统故障隐患
2010.2.5	俄罗斯	16	雅力士、Auris、卡罗拉及RAV4	油门踏板故障隐患
2010.2.5	英国	18.0865	IQ、Aygo、Yaris、Auris、Corolla、Avensis及Verso7款车型	油门踏板使用不便
2010.1.28	中国	7.5552	RAV4	油门踏板故障隐患
2010.1.21	美国	230	凯美瑞、RAV4、卡罗拉、汉兰达等	油门踏板故障隐患
2009.12.24	中国	4.3023	RX350、ES350、汉兰达	VVT-i机油软管内壁破裂、机油软管漏油
2009.11.25	美国	426	凯美瑞、亚洲龙、普锐斯、ES350	脚垫滑动卡住油门
2009.8.28	美国	9.57	ScionxDs、Matrix、卡罗拉	刹车底盘问题导致刹车失灵
2009.8.25	中国	68.8314	凯美瑞、雅力士、威驰、卡罗拉	电动窗主控开关发热、短路、熔损
2009.7.30	日本	7.1319	卡罗拉、Axio	无级变速器缺陷

从表3-1中可以看到，2009年11月，丰田因“脚垫门”事件不得不召回了426万台车辆，并免费为这些问题汽车更换油门踏板。很多人认为脚垫问题根源在于脚垫过厚，而提供脚垫的西迪斯首席执行长维诺多·吉尔纳尼给出了这样的解释：“设计缺陷的责任在丰田公司，我们的产品一直符合丰田公司要求的规格。”他的声明使客户进一步明确了一个

问题的答案：脚垫门的问题根源出在丰田汽车公司身上。

“质量门”事件的发生，使丰田汽车沦为“召回大王”，造成巨额财务亏损；过去的金字招牌被快速销蚀，客户对日本汽车品质的信任感开始动摇……时至今日，客户在谈论和购买丰田汽车乃至日本汽车时，仍然会在“质量”方面有所顾虑。可以说，丰田汽车遭遇的不仅是企业声誉的损失，甚至使日本汽车形象也遭受了巨大的负面影响。质量之于品牌的影响之重要性由此可见一斑。

在如今这个时代，客户越来越认可质量好的产品（服务）的品牌，越来越关注其使用价值。而且，大部分产品都有同类竞品，客户的可选空间非常大。所以，质量作为评价品牌的核心要素，一旦在这方面出现了问题，那么客户往往会给该品牌打下差评，不再购买该品牌产品；同时，该品牌的差评传播由此开启，且在很长一段时间内难以洗白。

所以，企业要保障提供品质良好的产品（服务），这样才能得到客户的认可和信赖，为企业塑造良好的公众形象，为品牌增强信任度，使品牌获得较强的竞争力。

2. 质量升级优化，推进品牌产品持续迭代

对于老品牌，特别是百年品牌来说，保持已有的质量水平是一种基本要求；对于他们来说，更重要的是基于高质量要求而实施与时俱进的升级迭代。

（1）在时代发展过程中，持续推动质量升级时代在变化，人们对质量的认知也在不断变化，甚至推翻了过去对质量的认知。如果企业品牌不能根据时代变化做出产品升级或调整，那么这个产品很可能会逐渐销声匿迹。

创建于1958年的凤凰品牌，曾经是国内自行车产销量第一、市场供不应求的民族品牌，至20世纪90年代时更是被选为中国轻工产品的代表，成为中国赠送外国贵宾的官方礼物。然而，随着民营品牌和外资品牌的进入，凤凰自行车在价格和性能大战中呈现节节败退之势。2017年，凤凰自行车借力共享单车，努力重归公众视野。但截至目前，其市场反应效果尚不甚明显。

当然，时代的发展与进步的引领也会推动产品质量的持续升级。

以水宝宝防晒产品为例。过去，防晒霜的SPF指数越高，往往质地越油腻、透气性越差，还容易引起各类皮肤问题；同时，这些特质又导致人们的涂抹厚度不够，使得防晒效果大打折扣。随着科技的进步，水宝宝防晒产品的配方技术也在不断进步，如今此类产品的高防晒指数和轻薄质地可以一并实现了。

在市场实践中，如果企业产品仍然一味沿袭过去的产品设计、配方等，那么纵然一度是大品牌，也会逐渐被时代淹没，被世人淡忘；而如果能够解决过去产品设计中的不足或缺陷，则可以引领新一轮产品升级，收获更大的市场份额，比如前文提到的百雀羚。

（2）持续推出新品，不断优化不足之处

对于产品质量而言，永远存在着可优化空间。而几乎没有一款产品能够迅速获得大量客户；如果产品质量升级的速度太慢，未能快速处理产品的不足之处，那么企业甚至连最初的客户都挽留不住。因此，企业必须深刻认识到产品质量优化的必要性，不断超越客户的预期要求。

2011 年 1 月 24 日，腾讯公司发布了微信 iPhone 版，1 月 27 日发布 Android 版，29 日发布 Symbian 版，仅 2012 年，微信团队就完成了 44 次软件更新，基本保持一周迭代一次的频率。微信从 1.0 迭代到 5.0，在这个阶段内发生了质的改变，在微信 1.0 时，只有文字发送和图片分享两个基础功能；在微信 2.0 时，增加了语音发送和语音群聊功能；微信 3.0 版本中加入了陌生人交友功能；微信 4.0 版本新增了相册和朋友圈功能，并开放微信应用平台……如今，微信 7.0 版本，除了具有各类社交功能（比如语音、视频聊天；双人聊、群聊等）外，还承担了支付、生活、资讯阅读等各种功能。

腾讯总裁马化腾曾针对快速迭代的理念提出这样的观点："市场从来不是一个耐心的等待者，在市场竞争中，一个好的产品往往是从不完美开始的，同时企业千万不要以为，抢先进入市场就可以一劳永逸，在移动互联网时代，谁也不比谁傻五秒钟。对手很快就会赶上来，甚至分分钟突破你。”正因为如此，企业才要快速推出新产品，针对客户的反馈与建议，进行产品质量上的升级以及其他功能上的优化，由此实现高效迭代。

3. 把握产品迭代节奏，鼓励客户为未来质量埋单

产品迭代不仅是品牌企业的一种态度，还体现出品牌企业的一种实力。企业不仅要追求“以快打快、唯快不破”的速度，同时也要注意对质量变化节奏的把控。始终以质量为根基，满足客户的质量需求与期望，才能使企业赢得更多的忠诚用户，稳固并持续扩大市场的份额。

（1）通过信息触角感知客户的质量需求

信息触角的核心是数据，企业要准确感知客户对产品质量的未来需求。对此，企业可以采用AARR四步法，包括：获取客户（Acquisition）、激活客户（Activation）、提高留存（Retention）、增长收入（Revenue）。

下面以一个APP为例来说明。

获取客户。如一个APP，以往企业更多的是关注下载量。实际上，很多客户下载之后并不一定会使用。所以，企业需要关注激活量的数据——激活量才是真正获取的客户。

激活客户。一般指在指定周期内有启动的客户，但是启动不等于活跃。因此，企业还需要关注每次启动后的平均使用时长和每位客户的日平均启动次数。当这两个指标都处于上涨趋势时，可以肯定该应用的客户活跃度在增加。

提高留存。“下载—安装—使用—卸载或者遗忘”，这是APP应用的一般生命周期。通常客户新安装使用后的前几天是流失比例最高的时期。所以，一般产品需要关注首日留存率和第7日留存率。

增长收入。企业需要关注平均每位付费客户的收入，实现收入最大化。

通过关键数据的采集，企业便可以抓住产品中的质量问题与因果关系，以实现面向产品质量优化的准确决策。

（2）让客户参与产品质量迭代过程

产品迭代的核心目标是使客户对产品最终质量的满意度增加。但是，一种常见的现象是：企业费尽心力地提升质量，但是客户却并不买账。比如，一些企业推出一款新品，为了让产品从表面上看比其他品牌有竞争力，该企业的设计人员在产品质量特性里添加了数十个客户并不需要的特性。这一波操作下来，使得这款产品的功能设计变得非常复杂，操作难度较大，自然也就很少有客户去埋单了。

其实，在产品迭代与质量管理过程中，客户参与是一项极为重要的内容。特别是在产品设计过程中，如果能有客户的积极参与，那么企业设计出的产品所具有的质量特性往往能够更好地满足客户的需求。

那么，如何让客户积极参与到产品质量设计中来呢？如果产品仍处于设计阶段，那么客户可以分阶段地介入质量管理过程，如概念开发阶段、功能规划阶段、样品开发阶段和产品量产阶段等。这种方式可以让客户通过现实查核的方式，对产品相关质量情况做出直接的反馈评价。

总体而言，产品迭代之后，其质量是否仍然能被客户接受，这是衡量品牌竞争力的一个重要标准。而客户是否参与到产品质量管理过程中则直接影响着客户对该品牌产品的接受程度。所以，要尽可能让客户参与到产品质量管理过程中，使之明确自己未来对产品的质量要求，并愿意为未来的产品埋单。

第二节　排列客户的需求梯度，精准定义新型产品

客户对产品的需求是多样化的，为了最大限度地满足客户的各种需求，覆盖更为广阔的市场范围，企业可以采取梯度战略，满足不同层次的客户群体的消费习惯和服务诉求，据之精准定义新型产品，延伸和拓展企业产品的效用（包括品牌、品质、式样、特色等），从而提高企业的竞争优势。

1. 秉持梯度化意识，以适应客户的多层次需求

所谓“梯度化意识”，是指企业在目前已有产品的基础上，有意识地

去区别不同产品应该具备的功能属性，以期满足不同客户群体的差异化、针对性需求。简单地说，企业应对产品进行不同的定位，以满足不同的消费需求。

一般而言，那些具备梯度化意识的企业往往更容易适应差异化的市场消费需求，或者更容易满足同一市场内的多层次需求。

宝洁公司在进入他国市场的时候非常重视对产品市场进行梯度化区分。比如，宝洁公司在刚进入中国洗发产品市场时发现，在影响客户购买洗发产品的各类因素中，年龄较大、受教育程度越高的客户群体对价格涨落的敏感度相对较低，而年龄较小、受教育程度较低的客户群体对价格涨落的敏感度相对较高；年长的客户群体更重视产品的实用性特质，而年轻的客户群体则更追求时尚性、个性化元素。

经梯度化的研究与分析，宝洁公司选择将收入和教育水平较高、追求品质和时尚的青年群体作为目标客户群体，以旗下的海飞丝为主打产品进军洗发产品的高端市场；随后，宝洁公司又利用飘柔来入驻低端市场；再后来，宝洁公司又推出了潘婷、沙宣等洗发产品对中端市场发起进攻。在对不同消费群体的细分并设计产品后，宝洁公司还展开了更进一步的深度延伸。由此，宝洁公司对中国洗发产品市场形成了多梯度的产品网络，几乎全面覆盖了所有消费群体。

宝洁公司还在其他日化产品领域根据客户需求进行了多梯度管理。为了更好地提高中国市场营收，快速满足中国市场需求，宝洁公司还提出了3个“D”的准则，即Design for China（为中国设计）、Decide in China（在中国做决定）、Deliver at China’s speed（用中国速度前进）。

这种针对客户需求的多梯度管理理论与措施使宝洁公司入驻中国市场多年后仍然稳坐日化产品的“钓鱼台”。2019财年，宝洁中国公司实现了净利润38.97亿美元——中国市场为宝洁公司创造了近三分之一的营收增长。即便是在全球经济略有萎缩的2020财年第四季度里，宝洁公司的销售额仍然达到了177亿美元（约合人民币1239亿元），净利润高达28亿美元（约合人民币196亿元）。

但是，如果企业逆向而行，不走梯度化延伸的路径，而是坚持企业产品的单一化研发与发展，那么，又会怎样呢？企业很可能遭遇市场失利的风险。比如，对于同是做洗发产品业务的霸王公司，其产品功能主要集中于满足防脱、控油、去屑的消费需求上，而并未在产品线上体现出梯度化特征，也没有对客户群体进行梯度划分。这样做的结果是，霸王洗发产品的消费群体的局限性很大，其产品功能也非常容易被其他洗发产品品牌（如海飞丝、飘柔）所冲击。

2. 细分消费梯度特征，为分层满足需求提供依据

明确客户的实际需求，并对需求进行梯度划分，继而有针对性地满足客户需求，这对企业开发新产品是大有助益的。一般而言，企业可以根据客户消费群体（不同地区）的年龄层次、消费偏好等来划分消费梯度。

（1）根据客户年龄层次划分消费梯度

根据客户年龄层次进行梯度划分，意味着企业开发的产品具有明确的目标指向。

华为手机在面向高端市场的Mate系列产品和P系列产品中，Mate系列产品主要是为商务人士设计，这一客户消费群体大多为高收入群体，客户的年龄基本在30岁以上，这一群体大多喜爱较为大气的金属设计；而P系所面向的客户群体则更加偏向时尚，客户的年龄基本为30岁以下的年轻人。在中端市场中，荣耀系列产品和Nova系列产品的主要客户群体是学生、白领，这个客户群体在选择手机时更关注质量和性价比，所以，荣耀青春版和Nova时尚版手机都很容易吸引这一客户群体的视线。而对于智能机入门者以及购买力欠缺的学生群体来说，畅玩系列是不错的选择——该产品配置为中等水平，售价相对较低，能够满足他们的基本需求，性价比较高。

（2）根据消费偏好划分消费梯度

消费偏好是指客户根据自己的消费意愿，对企业提供的产品进行自主选择和排序的倾向与行为。这种选择和排序行为反映出了客户的个人需要、兴趣以及嗜好，通常是个体在潜意识的支配下所采取的具有一定阶段性的行动。可以说，对客户对于某种产品的需要与其消费偏好呈正相关性。因此，企业可以从客户群体的基本偏好特质入手实施梯度化战略。

欧莱雅公司是一家全球性化妆品企业，其拥有的品牌达500多个，旗下品牌涵盖市场的高端、中端和低端各层面，能够满足不同客户群体的基本消费需求及消费偏好。其中，赫莲娜是欧莱雅的高端品牌，主要面向那些期望通过先进的科技成果、体验明日美容领域惊人成就的女性客户；兰蔻品牌偏向追求细腻、优雅、气质和非凡魅力的客户群体；理肤泉品牌主打药妆产品，其目标客户是那些肤质敏感、偏好使用药妆来做皮肤保养的年轻客户群体。美宝莲是一款面向普通大众的美妆品牌，平价、亲民，主要面向那些偏好时尚潮流的年轻客户群体。

3. 以产品为中心，实施梯度化的新型产品布局

企业在建立起梯度化意识之后，可以从产品角度实现梯度驱动。就是说，企业要实施以产品为中心的梯度布局，依据产品不同的性能体验、价格定位，形成具备不同档次与价格的产品系列。

（1）从产品性能角度出发的新品布局

企业可以从提供的产品的性能角度入手，实现产品梯度排列。

英特尔公司从CPU性能的角度入手，创造了一条完整的CPU产品链，涵盖了低端、中端和高端市场。具体来说，英特尔赛扬系列产品是以价格优势和较强的稳定性为特征，主要是面向低端家用市场；英特尔奔腾系列产品主要面向基础游戏娱乐用户和基本家庭娱乐用户，以及对文件处理速度要求较高的中高端办公用户市场；英特尔酷睿系列产品具有性能强劲、节能高效、热量小等优势特征，主要面向中高端游戏用户和中高端办公用户市场。

2013 年，英特尔在酷睿系列产品的基础上，相继推出了酷睿 i7 系列、i5 系列、i3 系列等诸多 CPU 系列产品。其中，i7 系列产品是面对高端发烧用户而定制的高端游戏 CPU，i5 系列产品是面向性能级用户的未来中端家用产品，i3 系列产品则是酷睿面向主流用户的低端产品。依托这种紧密的产品梯度布局，英特尔以 60% 的份额占据了桌面级 CPU 市场领域中的领先地位，并进行技术持续升级与更新。2020 年 9 月，英特尔发布第 11 代酷睿处理器。

（2）从产品价格角度出发的新品布局

除了功能要素外，企业也可以从产品价格要素入手，实现产品梯度覆盖。价格的确定要建立在对市场的了解上，分析相类似产品的销售状况，寻找销售族群可以接纳的价格区间。

华为各系列手机的售价是在对各类手机进行价格对比与分析之后才最终确定的。华为手机的定价大致以千元作为区隔线，目前最低售价千元以下，最高售价为 6000 元以上。售价 3000 元以上的手机主要是面向高端市场的 Mate 系列产品和 P 系列产品，代表着华为手机当下的最高水准。其中，主打高端商务的 Mate 系列产品在华为的高端市场上做出了极大的贡献，如 Mat30 Pro 手机的售价被定位在 6000 元以上。定价 2000 元以上的产品主要是面向中端市场的荣耀系列产品和 Nova 系列产品，这部分手机的软硬件配置通常是继承同期高端手机，主打时尚和性价比方面的优势特征。而面向低端市场的是被称为千元机的畅玩系列，配置水平则相对普通。

很明显，华为手机产品的梯度设计为手机客户提供了多样化的选择空间，满足了客户对不同价格层次的手机需求，培育自己在同类产品市场上的相对竞争优势。借此，华为足以覆盖很大范围的手机市场份额。

总而言之，企业实施产品梯度设计主要侧重于产品性能差异和价格差异方面的定位，并关注客户的年龄层次以及偏好。经过这样的梯度化区分设计，企业便可以实现多品牌、多产品的品牌经营格局，从而使企业品牌进一步发展。

第三节　有序推进产品先期策划，保障质量的可实现性

质量管理大师克劳士比给出了极富艺术性的解释："质量是芭蕾舞，而不是曲棍球。"芭蕾舞在演出前，要经过从设计、讨论、规划、检查以

及详细节目安排的过程。可以说，每一个布景道具的放置、每一段乐章的时间安排、每一段剧情的展开甚至每一个音乐节拍的位置，都是经过周密考虑和精心策划的。因为，任何一个细小环节的疏忽都会影响最终的演出质量。克劳士比旨在用这个比喻告诉人们：产品质量的保障来自从头到尾的精心策划。

1. 综合评价企业实力，保障产品质量设计的可实现性

很多产品质量设计者的脑子里装满了各种各样的奇思妙想。但是，当他们把这些创意提交给上级决策者或部门管理者时，却常常得到这样的回答："你这个创意很好，但是以公司目前的情况来说是实现不了的。"事实上，任何一个产品设计都不能仅仅考虑产品本身的高度创新，还需考虑保障产品实现是否具备充分的外部条件，否则就会使其失去实用价值，成为"空中楼阁"。

（1）操作人员的能力水平

一位家具设计人员设计了一款花梨木工艺品，然而这款设计要求在家具雕刻部分采用一种较高规格的雕刻工艺，然而该工厂的家具打造师傅却无人达到这一雕刻水平。这位设计人员不得不将自己的设计图暂作收藏。

事实上，企业的设计人员在设计之初，就应当了解当下的人力资源所具有的操作能力及其质量观念。如果当下人员的操作能力尚未达到要求，那么即便设计规划多么有创意、多么有品位，他们也无力胜任；如果他们的质量观念薄弱，那么他们甚至会无视先期质量要求，最终也是难以让设计得以实现的。

（2）设备的适用性

在企业生产过程中，生产设备能够正常运作以及工具的精密程度也是影响产品质量的重要因素。如果设计人员不关注企业当前的设备状况，只凭借自己的灵感来设计产品，那么当产品试制完成后他发现产品与自己预想的质量水平相去甚远。所以，要想实现预期的产品质量水平，就必须考虑将当下的设备、工艺与产品设计有机结合起来。如果购入新设备来完成设计，则需要评估企业是否有能力承担这笔成本投入。

（3）物料成本和采购难度

物料是产品的基本构成部分。企业成本控制的基础部分就是物料成本，如果物料的成本过高，势必给企业带来沉重的资金压力。而且，如果物料采购的难度较大，同样也会给设计实现带来不同程度的困难。

2019 年年底，一位电子器件设计人员从国外进修归来。随后，他为企业设计了一款成本超低的产品，其选用原料和配件都严格遵循“最低成本控制”的宗旨。然而，细心的主管在核查所需物料时却发现，其中一款配件是目前国内市场上缺少的。如果实施大批量生产，企业必须从国外引进这款配件，如此一来，配件的采购成本会大幅地增加并影响到产品成本；如果用其他相似配件来代替，又会明显影响该产品的质量和使用效果；而如果自主研发配件，那么所需要的周期太长，再加上研发成本的摊算，这款产品的成本将会提高。最后，这款设计最终竟然因配件的问题而被束之高阁了。

（4）工作环境要求

对于产品而言，其实际产出环境也会对最终质量产生一定的影响，因此企业组织必须确定和管理需要的工作环境。比如，一些高科技产品对生产环境的要求较高。例如，调试音响产品时，要求周围环境安静，控制在指定分贝数以下；否则调试后的音响效果将无法达到国家规定的标准。而如果企业暂且不具备特定的环境条件，或者经过调整后仍然无法达到要求的水平，那么其产品设计的实现工作就需要延迟推行。

可以说，一款产品从设计到最终变成可交付品，这需要一个不短的过程。所以，设计人员必须在经过缜密的论证并形成产品的初期轮廓之后，再正式提出自己的设计方案，这样才能保证自己的设计方案得到有效落实，同时也能减少企业的成本浪费。

2. 重视质量先期规划，从最初阶段保障质量实现

如今，很多成功企业在汽车、服装、电子、集成电路、合成橡胶、建筑设备以及农用机械行业等诸多领域，都已经使用了 QFD（质量策划展开）法。据统计，这些公司因采用这种方法而使得企业的产品开发时间缩短了 30%，生产率提高了 200%，平均成本支出节约了 50%。可以说，质量策划展开所发挥的作用是不容小觑的。

所谓“质量策划展开”是将客户的多种产品需求进行多层次的演绎分析，将其逐步转化为具体的产品设计要求、零部件特性、生产工艺要求，乃至生产过程与细节要求等。图 3-1 为质量策划展开示意图。

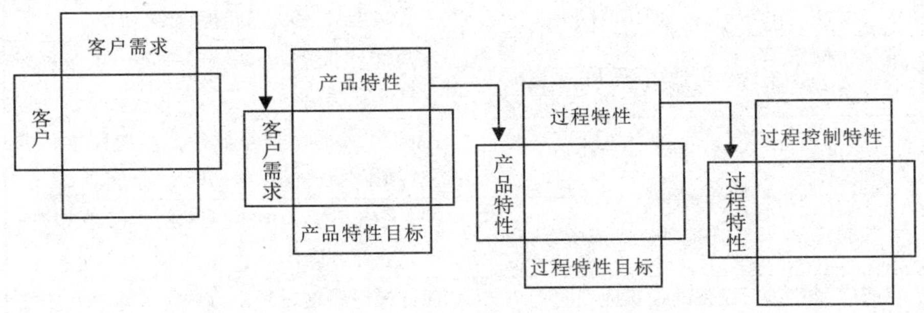

图3-1 质量策划展开图

从图 3-1 中可以直观地看到：产品质量策划是以客户需求为驱动的，在明确客户需求信息之后，将其转化为设计部、生产部、销售部的直接可用的信息。而这一系列活动的开展都是以满足客户需求为核心目标，从而确保了企业最终输出的是能够真正满足客户需求的产品。同时，企业也会为了达到这些基本要求而建立一整套技术规范，以提高自身的竞争优势，确定自己所拥有的资源和实力能够满足客户的特殊质量要求。

在 QFD 图的基础上，企业逐渐衍生出一套产品设计矩阵。这种矩阵可以帮助企业确定客户需求的产品特性和产品特性目标，核查企业是否有足够的实力去开拓市场，以及企业应该确立怎样的质量标准，等等。

表 3-2 中提供的是一个针对银行产品开发的质量策划矩阵。这个产品设计矩阵从明确客户需求开始，依次将需求转化，逐步形成了银行自动柜员机的产品特性和产品特性目标。

表3-2 自动柜员机的产品设计矩阵

客户需求	产品特性	产品特性目标
方便性	使用时间	一天24小时，99%的时间都可使用
非英语操作使用	可使用不同的语言	客户能够选择4种语言——英语、西班牙语、日语和法语
易于进入	进入所有账户	能够得到所有业务服务，实现存款、取款、转账及获得信息等功能
控制性	客户能独立完成所有交易	90%具有小学6年级以上学历的人都能按照指导完成业务操作
保密性和安全性	设备的设置地点明亮、安全	保证该设备被设置于室内，并需通过安全识别方能使用

为了更好地了解客户需要的产品特性和产品特性目标，很多企业会通过各种渠道获取客户对产品的需求，与客户建立良好的关系，举办各种活动与客户进行交流。比如，仔细观察客户购买产品时的态度与行为表现，直接询问客户对产品的具体需求信息，耐心倾听客户对相关产品问题的抱怨之声，从客户使用后的反馈信息来对产品做出客观的、综合性的评价。

而在实施QFD的整个阶段，大多数企业会根据自己了解到的客户需求，来评判产品设计方案的设计细节与落地可行性。可以说，企业在产品设计方面做出的所有决定都是以最大程度地满足客户要求为基础的，客户需求观点基本被置于工程技术部或生产部等部门的偏爱之上。所以说，对质量的先期规划，对于产品质量的保障和客户需求的满足发挥着不可估量的作用。

第四节 产品质量严格把关，打造多位一体的质量共识

面对变化着的未来，客户、供应商、企业，乃至企业内部的领导者、质量团队、普通工作人员等之间，必须形成多位一体的质量共识，进而打造出具有超强的质量竞争力的产品，这是企业求得生存发展的唯一出路。企业必须在各个方面严格把关，保障多方之间的良性互动，这样才能让企业品牌在风云变化的市场中根基稳固、屹立不倒。

1. 延展质量控制链条，打造一体化质量共识

在质量控制链条上，每个组成都发挥着各自的作用：企业需要对客户的质量需求加以解读，供应质量直接影响产品的最终质量，而企业内部成员之间的质量认知也会影响产品的最终质量输出。所以，企业必须达成多位一体的质量共识，以此确保企业产品质量输出能够满足预期要求。

（1）企业与客户之间的质量共识

对于以实体产品作为主要输出的企业来说，其生存、发展的关键在于生产那些能够真正满足客户需求的产品。这就需要企业在启动生产任

务之前，与客户达成质量共识。这里说的“质量共识”主要涉及产品技术质量和产品功能质量两方面内容。其中，产品技术质量主要是指产品带给客户的价值，包括所使用的设备和作业方法等技术层面的内容，比如为客户提供款式新颖、质地优良的服装；而产品功能质量是指客户使用产品时获得的各方面的感受和体验，例如使用跑步机时的健康体验等。相对而言，企业更容易在产品技术质量方面与客户达成共识，而在产品功能质量方面达成共识则存在一定难度。

有的企业曾有这样的苦恼：“产品的各项质量指标都符合标准，甚至高于同类竞品；但是，客户却感觉质量还不够好，并不非常满意。”实际上，这是因为企业与客户仅在产品技术质量上形成了共识，而没有在产品功能质量上形成共识。若要解决这个问题，企业可以将产品不易外显的质量信息传达给客户，使双方在充分的互动中逐步达成共识。

（2）供应商与企业间的质量共识

原料供应质量是保障产品质量的源头。所以，企业要向供应商清楚地说明自己的质量要求，同时让供应商对供应质量作出承诺和保证。一些供应商只关注眼前的短期经济效益，而忽视了供应质量在产品质量链上的重要作用力和作用范围。这种做法将会直接影响产品质量水平，给企业带来经济损失，甚至会因连锁反应而影响了供应商的收益。所以，供应商不能让自己与企业之间的关系仅局限于上下游的供应与被供应的关系，而要与企业成为互利共赢的战略伙伴，达成质量共识。

（3）企业内部的质量共识

企业是一个集合了诸多人员和多重角色的共同体。质量管理的第一要务是企业内部人员在质量责任上达成共识。

第一，领导者担任先锋官角色。企业领导者在企业中所处的地位，直接决定了他们在质量管理工作中必须发挥出关键作用。所谓“抓头头，头头抓”，意为领导者必须对质量予以足够的重视，不仅要严格执行所规定的质量任务，还要充当质量先锋官的角色。

具体而言，领导者必须向员工表明自己对质量的态度和要求，以身作则地坚持质量工作的落实；同时，积极地指挥、组织、分配和协调企业各层次人员的质量责任，使整个企业内部的各项质量管理活动能够有条不紊地推行起来。

此外，领导者还要为质量活动提供时间和资金。一种方法是直接增加时间和调配资源，但是这种方法在竞争环境中的可行性相对较低。另一种方法是通过改变一线部门和全体员工的工作优先次序，来为质量活动找到更多的时间和资源。这就需要领导者对部分工作做出取消或者推迟的安排，从而保证员工能够优先处理质量活动。

第二，质量团队提供全面支持。由于质量管理工作极为复杂，如果不采取团队形式提供支持，往往很难让质量管理工作发挥预期效应。所以，为了实现企业的质量经营目标，企业需要让相互协作的个体集合成为质量团队。据《财富》调查表明，世界500强中已有96.7%的企业成立了“质量团队”。

为了全面履行质量团队的职责，大多数企业将质量团队分为不同的类型，比如“指令攻关”“自主改进”和“探索创新”等类型。虽然每种类型团队的目标、性质、形式、推进力以及个体的知识技能等方面各有侧重，但是他们都是以全面追求卓越为共同使命，彼此之间全面支持。

第三，工作人员是质量的终结者。美国质量管理大师威廉·戴明博士提出：“质量是生产出来的。”这句话指明：生产者的质量管理是质量工作的终结点，生产者是当之无愧的质量终结者。为了保证生产者满足企业质量工作的需求，实现质量目标，企业必须重视对生产者的选择与培训，使生产者意识到自己的质量责任，使其潜能得到最大程度的激发。

在实践中，一些具有丰富经验的企业领导者和管理者会给生产者一定程度的授权，使生产者的责任感加强，更加关注产品质量。

西门子是一家全球性电器公司，其管理者非常重视向生产者充分授权。为此，西门子公司特意取消了传统的职能部门的设置，代之以很多职能小组。以西门子天津某工厂为例，该工厂曾一度因材料破损而造成一系列质量问题。于是，该工厂的负责人建议职能小组在整条生产线上彻底查出原因。而这个由生产部员工临时组成的职能小组在经过全面调查之后，决定在进料和出货的环节上实施改进。最终，该工厂的产品质量得到很大的改善，当年利润增加了 80 多万元人民币。

在上述案例中，西门子采取的这种授权方式一方面减轻了领导者和管理者的压力，另一方面使生产人员感受到了自己肩负的责任——“我生产出的产品质量是与企业和自己的前途密切相关的”。这样一来，生产人员才会与其他企业内部人员在质量管理工作方面达成共识，竭尽全力地履行自己的质量责任。

从上述内容可见，客户、供应商、企业以及企业内部之间的关系是密不可分的。如果任何一点存在纰漏，都将影响到产品质量。而努力达成多位一体的质量共识，正是保证产品质量竞争力的前提条件之一。

2. 建立科学的质量管理体系，实施全面质量管理

在产品制造与输出过程中的质量管理，不仅需要企业内部主体发挥自己的力量，还需要企业全员之间的通力合作。因此，企业要建立一套能够持续生产合格品和优质品的生产系统，实施全面质量管理。

某企业专门设立一个部门，主要负责企业公共场所的清洁和安全工作，并激发员工在健康和休闲方面的兴趣。但是，企业在运作资金方面存在一定的困难。为此，该企业决定实施全面质量管理，以求“花更少的钱，做更多的事”。

不过，员工们对这一管理策略是持怀疑的态度。为了解决这个问题，该部门的策略是向企业各个部门逐步介绍全面质量管理理念，即先让部门管理者接受全面质量管理的核心理念，然后通过他们将全面质量管理观念逐步灌输给部门成员。这种方法使全面质量管理在一定程度上取得了成功。

结果显示，该部门实施全面质量管理获得了较为理想的经济收益：启动费用是 22.3 万美元，平均每个项目 2.3 万美元，总共节省了 71.15 万美元，平均每个项目一年节约 7.1 万美元。这组数据只是每个项目每年直接节约的费用，属于保守数据；如果再计算间接收益和长期收益，那么所取得的效果更为可观。

上述案例中，该部门之所以能够取得理想收益，这与其采用的全面质量管理工具与措施是密切相关的。在具体工作过程中，该部门采取一系列有助于特定目标实现的配备，对员工工作程序进行了分析，并进行了路线化的组织运作。实践证明，全面质量管理是一种可以达成质量目标的有效工具。

但是，全面质量管理的核心在于质量体系。如果离开了质量体系，那么全面质量管理就成了空谈。那么，如何才能建立一个好的质量体系，从而实现企业的全面质量管理呢？企业必须对以下 6 个方面加以重视。

第一，分析质量环。质量环是指在质量形成过程中可能影响到产品质量的各个环节，是建立质量体系的基础。全面质量管理的第一步就是明确各环节的质量职能要求，在实施过程中确立全面质量管理的目标，从而实现产品质量的全程化目标管控。

第二，研究具体组织结构。企业要在第一步的基础上，结合自身所处的实际情况，进一步明确各环节的质量要求、采用的具体措施、设施配备情况以及人员安排规划。这是建立质量体系过程中最为重要的一步，它直接影响着全面质量管理在企业中的应用程度和实施效果。

第三，形成文件。质量体系必须形成一个科学、系统的文件体系，文字化的体系形式会使在全员参与质量管理的过程中有所依据。

第四，全员培训。最高领导层强有力的领导和企业内部全员接受针对性的培训，这对企业成功实施全面质量管理是非常重要的，这一步在质量体系的建立过程中也是不容小觑的。

第五，文件宣贯。质量体系文件是质量体系得以认真贯彻执行的一种有效途径，是质量体系建立过程中不可或缺的一步。

第六，质量体系复审。质量体系的建立和应用是需要不断完善的，它必须借助不断地复审与反馈，使得质量体系被持续改进，以便企业全员能够更完美、更彻底地贯彻全面质量管理思想。

可以说，只有企业建立起全面、适用、相容的质量体系，才能使全面质量管理的效果得以全面展现，企业制造过程才能实现稳定、高效的发展。

3. 人人充当质检员，让质量监控工作落到实处

在企业中，任何一个环节、任何一个人的工作质量都会不同程度地、直接或间接地影响产品质量。例如，如果在进料之初即存在原料质量不合格问题，那么产品质量就难以保证；如果部分产品未能严格遵循质量标准进行生产，那么产品的最后输出质量水平就难以被统一。

但是，如果企业全员都能够对产品质量控制行为予以足够的重视——从物料管理人员的物料质量控制，到设计部的设计质量控制，再到生产人员的自检、互检和质检员的专业检测等，每一位员工都努力确保不让任何有质量缺陷的加工件进入下一道工序，那么企业便可以达到预期的产品质量水平。

在一家专门从事纺织纱锭制造业务的企业中，人们一度采用的是传统检验方法，这导致该企业的成品纱锭往往要在检验部门待上好几天，造成了对生产部门的反馈存在时间上的延迟。后来，该企业采取自我检验的举措。如此一来，生产部门成员得到的是即时反馈，进而更加迅速地进行修复，并及时改进设置。这一操作的变化，使得该企业的产品不合格率从 8% 降至 3%。企业专职人员在对生产人员放行产品进行审核检验后发现，生产人员的判断结果是完全正确的。

在实践中，很多部门的人员都可以充当质检员的角色。即使生产人员与质检人员之间看似存在不可调和的矛盾，但仍然能够为质量监控工作发挥作用。可以说，当企业的全体人员都成为质量管理高手的时候，企业的质量监控工作便会自然而然地落到实处。

在本章最后，我们重点强调一点：作为任何一个矢志于塑造和重构品牌来说，质量永远要放在第一位。企业要培育多方的质量共识，充分调动相关人员的积极性、创造性和质量责任意识，做到高质量产品的升级迭代工作，多层次地满足客户的质量需求。

第四章 管控高需求与低成本的平衡，提升品牌附加值

随着时代与市场的持续发展，客户的购物认知与决策日益理性化——不再盲目信任品牌，也不过度看重价格低廉，更在意产品的性价比。而对于企业来说，客户获得的高性价比可能意味着自身的利润空间减少。为了解决这个矛盾，企业必须找到客户高需求与企业低成本输出之间的平衡，开拓新的品牌盈利模式，既要更好地满足客户需求，同时也要保障产品利润和企业盈利的实现，提升企业品牌附加值。

第一节　模拟客户视角，设计合理的价格，打造高性价比

在市场经济不甚景气之际，客户的资金与消费欲望呈反比状态。此时，许多客户往往把性价比看成是做出购买决策时的重要指标。而企业则必须聚焦产品的性价比，这也成为企业品牌立足与制胜之道。

1. 端正营销认知，保障产品具有较高的性价比

性价比是反映某款产品是否值得购买的一种量化的计量方式。“性价比”的全称是性能价格比，是一个性能与价格之间的比例关系，具体公式：性价比 = 性能 / 价格。在购买某个产品过程中，客户或多或少都需要了解产品的性价比。一般而言，产品品质好、功能符合预期、价格低，则性价比高。需要注意的是，无论是客户还是企业，都要跳出关于性价比的认知误区，明确什么是真正的高性价比。

（1）低价格不等于高性价比

在品质与竞品相同或与以往品质相同的基础上，低价格产品才算是具有高性价比。然而，一些企业在销售产品时会打出“低价正品、超高性价比”的旗号来吸引客户，但其实这些产品在被生产过程中偷工减料，造成产品使用时间较短、质量问题频多。实际上，这种产品虽然定价低而质量不过关，故而并不属于真正意义上的高性价比。

（2）送赠品不等于高性价比

一些企业在客户购物时会发放一些赠品，同时将赠品成本归入产品总成本范围之内。但是，对于客户来说，如果赠品对自己而言并不太有用，那么产品的总性价比就不高。企业在送赠品时，要特别注意赠品之于客户的普遍适用性。

（3）仿制品不等于高性价比

时下，一些品牌产品价格较高，故而部分客户会因价格原因而购买仿制品。对于客户而言，如果品质类似，那么低价格的那款产品就是具有高性价比的产品。所以，面对仿制品较多的情况，企业要突出呈现本品牌正品与仿制品之间的比较优势所在，从细节处呈现正品的高端品质、更周全的服务等，给客户更充分的购买理由。

（4）新老品牌对决中的高性价比

一些人认为，老品牌存在多年，在服务态度、产品质量、价格上是有优势的。也有一些人认为，新品牌创立初期努力比老品牌表现得更优秀，不妨去体验尝试一番。所以，老品牌企业应着力呈现其已有优势的持续性和创新性，而新品牌则在老品牌企业的现有优势上要比老品牌企业表现得更好，同时表现出自身的新优势特征。对于客户而言，如果新老品牌的竞品较多且相似，那么任何一方在服务态度、产品质量、价格上表现得更为突出，就会被评价为“性价比更高”。

作为企业，要真诚地、有针对性地展现产品性价比，切忌以虚假话术、投机取巧的做法来“忽悠”客户。任何试图蒙蔽客户的举动都只能取得一时之利，一旦被客户发现，那么企业品牌声誉将被蒙上阴影。

2. 实施竞品比附，突出本品牌产品的相对优势

企业必须明确自身与同业竞品之间的差距，以本品牌的绝对优势或相对优势特征在品牌竞争中胜出。特别是对于那些非市场领先者，不妨对本品牌进行比附定位。比附定位是指企业通过各种方法和同行中的知名品牌建立一种内在联系，借知名品牌的光而使自己的品牌迅速进入客户的视野中。

在东风风神 H30 Cross 还未上市之前，曾有媒体和资深汽车行业评论员将之与东风本田 CR–V 和东风日产骊威进行对比。虽然在外界人士看来，这有借人之光的嫌疑；但是通过外观、性能、空间、性价比等方面对比后，东风风神 H30 Cross 产品的确找到了很多自信。

从外观上看，东风风神 H30 Cross 从尾部直抵顶部的 LED 炫光、后尾灯造型等方面看起来与另两款车非常相似；而且，Cross 加上新的前后保杠以及侧包围之后，更具有城市 SUV 的视觉感。

从价格上比较。风神 H30 Cross 的价格在 8.68 万 ~ 9.78 万元，而本田 CR–V 两驱都市版手动和自动的价格分别为 18.98 万元和 19.78 万元，是风神 H30 Cross 售价的两倍多。因此，风神 H30 Cross 相对更具优势。

从性能上比较，风神 H30 Cross 最高车速可以达到 183km/h，仅仅与本田 CR–V 的 184km/h 有细微差距；而且，183km/h 仅仅是一个保守的数据。风神 H30 Cross 的底盘技术也十分成熟，在高速行驶中更为稳定。此外，东风风神 H30 Cross 还比本田 CRV 多了电动天窗、真皮方向盘、外后视镜加热、自动空调、USP 接口、多功能方向盘等配置，这更加凸

显了风神 H30 Cross 的高性价比。

所以，媒体舆论上出现了这样的评价：风神 H30 Cross 是自主品牌中的 CR-V。而东风风神 H30 Cross 甫一上市，便在市场上形成了疯抢之势。在东风风神全国 100 多家 4S 店中，H30 Cross 的产品库存全线告急，新车一到店就被订车者争抢提走，更是没有时间安排媒体试驾。这种火爆的销售情况让业界惊叹不已。

当然，比附营销并不是简单的攀高枝、借他人之势，它需要产品本身具有较强的质量和突出的亮点。这样，它才能给客户带来心理诉求上的极大满足，并打开产品的销售市场，实现客户与企业的双赢效果。

比附营销的实质是“借势”和“傍依”，目的在于引起市场和客户的注意力，以此呈现本企业的新品牌、新形象和新产品，同时有效地避免收到同业竞争者的正面攻击。对于处于市场竞争弱势地位的企业来说，这是一种非常可靠的选择。在实践中，比附策略主要表现为三种形式，如表 4-1 所示。

表4-1　比附策略的三种形式

形式	说明
不当“出头鸟”，只做第二名	这种策略能够使人们对企业形成一种谦虚诚恳的印象，同时能够迎合人们同情弱者的普遍心理，让客户记住这个平时很难进入人们视野的产品
并驾齐驱，平分秋色	这种策略承认同类产品中那些表现较为优秀的品牌和产品，但本品牌在某些地区或某一方面是可以与这些品牌一较高下或平分秋色的
强者之列比附策略	当企业不能取得或攀附第一名时，可以借助群体的声望和模糊数学的手法，打出入会限制严格的“俱乐部”是高级团体的牌子，提升自己的地位

企业的领导者要根据企业自身的经营情况，选择合理的比附策略，让企业的品牌与产品能够在市场中引起快速且明显的反应。

3. 基于客户的价格感知规律，确定适宜的产品价格

价格高低是客户评估性价比、做出购买决策的一个重要因素。而客户对于价格与性价比的评估又是基于其当时的购买心理情况。所以，企业要分析客户对价格的感知规律，然后为目标客户群体设定适宜的价位。概括地说，客户在价格方面的心理表现主要有以下几种特征。

（1）对比性：对价格高低的对比感受

客户对不同产品的价格及其变动的感知强弱程度是不同的。客户对产品价格高低的评判，并不完全基于某种产品价格是否超过或低于他们认定的价格尺度。事实上，他们还会根据与同类产品的价格进行比较，以及购货现场的不同种类产品的价格比较来认识。这种因受到背景刺激因素的影响而导致客户在价格感受上的差异，就形成了客户对价格高低的不同感受性。而不同的感受性会直接影响客户对价格的判断。

（2）敏感性：对价格变动的敏感反应

如果产品价格对客户生活水平会产生直接影响，那么客户对价格变动会具有极强的敏感性；反之，则敏感性相对弱一些。一般来说，对于与客户日常生活密切相关的产品，尤其是需求弹性系数较小的产品，客户对其价格的敏感性较高。比如，蔬菜、蛋肉、食品等产品的价格略有提高——也许只是几角钱，客户就会马上作出强烈反应。而对于一些高档产品，如房产、手机、汽车、电脑等，客户的价格敏感性较弱——即使价格比原来高出数百数万元，人们也是可以接受的。

（3）习惯性：对产品价格习以为常

客户在重复购买某些产品以及对价格的反复感知过程中，会形成对这些产品价格的习惯性心理。比如，一位客户经常在某家超市购买一些生活用品，因购买次数较多，所以在他的心里便形成了对这些生活用品的可接受或视为合理的价格区间，他会以此判断产品的价格高低和质量差异。

（4）倾向性：对产品价格的选择倾向

客户在购买产品时所表现出在价格、品质和价值等方面的倾向，即客户的倾向性选择心理表现。一般来说，产品价格有高、中、低三档的区别，价格高的产品品质好一些、价值高一些；价格低的产品则品质差一些、价值低一些。由于客户的社会角色、经济收入、文化水平以及个体特征等方面，客户在购买产品时也会表现出截然不同的价格倾向。

（5）预算性：在预算约束下获得最大效用

客户在购买产品的时候，既要满足其追求效用最大化的心理需求，又要受到经济预算的约束。在日常生活中，大多数人喜欢在其所购买的产品的数量或质量上做加法——增加数量或提高质量，从而实现消费的最大化效用。比如，人们倾向于在更高档的餐馆吃饭，驾驶更豪华的私家车，或者获得更优质的服务。换句话说，大多数客户会根据自己的收入水平和同类产品价格水平，来购买更符合其需求的、性价比更高的产品组合。

因此，企业在规划产品定价时，要站在客户的角度分析客户对价格的感知与接受度，从而在价格及性价比上吸引客户，确保客户愿意埋单，同时也能够以适宜的价格来呈现品牌档次。

第二节　突破产品设计的功能性限制，增加产品附加值

如果判定某种产品具有高性价比，通常是因其具有以下两种特征之一：一是在价格相同或不变的前提下，产品的功能更多或质量水平更高，或具有其他附加值；二是在功能或质量相同的前提下，产品价格更低。而从企业角度来说，如果要获得高性价比，应从两个角度出发：一是从产品设计角度，增加产品附加值，借之提升品牌附加值；二是从企业成本控制角度，通过降低成本来保障低价位。关于质量，已经在第三章中阐述过；所以，我们在这里说说从产品设计角度来增加附加值，以及如何从企业角度实施成本控制。

关于产品开发，企业可以从两个方面入手：一是在产品单一功能方面实现专精化；二是实现产品功能的简约化，以此突破产品设计的原有

限制，为产品增加附加值。

1. 深度开发产品功能，以“专精”凸显品牌附加值

很多品牌产品都具有其他品牌难以替代的功能。而在这项功能上做专做精，则是很多知名企业在市场上长期制胜的法宝。沃尔沃公司的做法就是一个典型案例。

总部位于瑞典的沃尔沃集团，多年来在“高手云集”的汽车行业拥有其他品牌汽车难以替代的地位——其产品是全球公认的最安全的汽车。而沃尔沃汽车之所以能成为“安全”的代名词，在很大程度上是因为“安全”的功能。

1959 年，沃尔沃公司发明了“三点式安全带”，并将这款发明应用在该公司生产的 PV544 等车型上。当时，客户和市场并未对安全带的作用予以重视，故而在市场上并无太大反响。但是，沃尔沃的营销人员并未就此放弃，而是用了数年时间，实施了两个令人震惊的方案。

第一个方案是沃尔沃公司在美国和其他很多国家展开车辆安全性能测试活动，对各类恶性交通事故实施模拟试验。模拟试验结果表明，如果司机和乘客能够采用正确的方法来使用沃尔沃公司的三点式安全带，那么其在车祸所受到的伤害将降到最低程度。而在面向全世界范围展示安全带性能的同时，沃尔沃公司还持续表示：虽然沃尔沃公司拥有安全带的专利，但沃尔沃公司愿意为了广大汽车消费者的生命安全而将这项专利技术对外公开，使所有汽车制造商都能够生产和应用。

第二个方案是沃尔沃公司用了近十年时间，收集了大量、多类型恶性交通事故的资料，并对其进行了系统的分析。1967年，沃尔沃公司提交了一份《针对28000起交通事故的调研报告》。该报告用大量实例证明：一旦发生情况严重的交通事故，如果司机和乘客都正确使用了安全带，那么他们受重伤的概率可以降低50%～60%。这份报告的出台得到了汽车行业和多国政府部门的广泛关注。而这一切都是沃尔沃公司的营销人员花费大量时间和心血来实现的。

可以说，沃尔沃公司为整个汽车行业在提高安全性能方面做出了里程碑式的贡献。时至今日，诸多汽车公司巨头将“极限速度”或“越野性能”等方面作为产品核心功能并大受追捧之时，沃尔沃则始终坚持围绕“安全”这一核心功能进行产品功能的专精研发，其“最安全”的性能与品牌形象也因此深入人心。

当然，企业要想让产品功能达到专、精的程度，必然要经历一个长期积累的过程；切忌朝三暮四，随意改弦易张。换言之，企业即便主动放弃一些短期的“机遇”，也应把资源和力量聚焦于自身的核心优势方面。

华为公司是电信网络技术领域的巨头，并早已跻身于“世界500强”之列，但是它却没有向房地产等热门行业扩张。而且，在当今的“世界500强”企业中，华为公司是唯一一家没有上市的公司。多年来，华为公司一直专注于电信网络技术的提升，截至2018年年底，华为在全球累积授权专利数量为87805件，其中美国授权专利数量为11152件。根据世界知识产权组织发布的数据，2018年华为向该机构提交了5405份专利申请，在全球所有企业中位列第一。如此高数量、高质量的专利申请，在全世界都是非常罕见的。而华为公司恰恰是凭借这种“专精”，使得其获得了品牌力的提升，成为全球领先的信息与通信解决方案供应商。

从沃尔沃公司到华为公司，其专精之道都是值得各企业借鉴和学习的。企业在品牌塑造或重构的过程中，不妨思考：企业的哪一项产品功能是值得做专做精的，从而形成企业的优势竞争力，并强化企业品牌的内涵?

2. 增加产品新功能，同时推进产品功能的简约化

产品附加值指通过智力劳动(包括技术、知识产权、管理经验等)、设备加工、流通营销等创造的超过原辅材料的价值，比如，在生产环节或流通环节创造的价值皆为产品附加值的一部分。

最为常见的一种方法是在产品原有基础上增加某种新功能。而为了避免因功能的增加或变化而导致操作过于复杂等问题，企业需要对产品功能实施简约化管理，使产品具有一种无法替代或模仿的魅力。产品简约化管理是指不仅让产品具有独特性，而且能够在把握产品本质的基础上更好地满足客户的人性化需求。

目前全球市值排名最高的苹果公司，其产品设计一直遵循“平和简约”的原则，苹果公司的首席设计师乔尼·艾维在接受英国《每日电讯报》记者的采访时曾被问及“苹果是如何设计出让世界为之尖叫的系列产品”。对于这个问题，他淡然地回答：自己在设计产品时，主要把握“一个经验”和“两个目标”。这里说的“一个经验”是指“要务实，不要务虚”，要让产品设计落至产品制造和客户最终体验上。“两个目标”分别是指将产品的设计尽可能变得简约，并使产品设计好到客户无法接受其他产品的程度。乔尼·艾维表示，他一直努力让自己设计的产品能够让客户产生“此乃唯一解决方案”的感觉，用一种平和简约的方式来解决那些复杂得难以置信的问题，让客户感觉不到问题的难度以及解决方案的存在。在这种设计思维下，苹果公司为客户设计出了当下市场中最好的产品之一。

从苹果的设计思路可以看出，苹果这些面向客户而设计出的看似简约的产品设计，其背后实际上隐藏着无数难题和解决方案。就这一点来说，企业要想实现简约化并不容易：如果产品背后的制作方式和设计逻辑比较简单，那么产品非常容易被同类竞品所替代；但是，如果产品是简约的，那么该产品就很难被模仿和超越。而让产品功能做到简约而不简单，表面上看来似乎是在做减法，但实际上却增加了产品附加值，能够更好地满足客户需求，为客户提供更优质的体验。

对于客户来说，产品附加值增加之后，购买它的性价比也会随之提高；而对于企业来说，当客户购买的可能性持续增加，客户对品牌的认可度提高之后，品牌的附加值也在随之增加。

第三节　逆推企业经营控制模式，以创新控制输出成本

为了平衡因高需求带来的成本支出，企业必须从其他方面控制并降低成本，以保障企业的利润和预期溢价。在实践中，企业可以从三个方面来做好成本控制：从成果区控制成本区、一体化成本控制、以创新控制成本。

1. 从输出成果区的角度，有重点地控制成本区间

从输出成果的角度去控制输出成本，这是一种被广泛推崇的手段。产品、客户市场、营销渠道是构成成果的三个要素，也是三个最重要的成果区。它们承担着一定比例的品牌成本支出，对应着企业的特定的收入贡献额度，同时也作用于品牌影响力范围。在此过程中，企业必须对这三方面进行准确定位。

（1）对于产品的定位

在客户的认知里，企业所出售的“产品”并不完全是单一的产品；与该产品相关的周边、附件和促销品等，也会被归为所购买产品的基本

构成。甚至对部分客户而言，购买该产品的很大一部分理由是体现在该产品的附属品上。因此，企业如何选择附属品、做好产品搭配、进行产品系统定位，这对于产品品牌形象的呈现及实际销售都会产生巨大的作用。

（2）对于客户市场的定位

当企业投入大量成本生产某种产品时，该产品通常被企业认为是一款会广泛满足客户和市场需求的产品。但是，如果产品不能满足市场的整体需求倾向，那么企业因创新而付出的成本无疑是一种巨大的浪费，更无法使之在市场上形成足够强大的品牌影响力。

（3）对于营销渠道的定位

企业对于营销渠道的定位不仅影响着产品的市场销售量，甚至被视为产品由成本转化为成果的重要过程。因为，它不仅直接影响产品的设计，而且也是在给企业品牌产品确定基调，变相地在给客户群体设定一种身份标签。

企业在分析这三个成果输出区时，切忌将它们分隔开来，而要把它们视为一个有机的整体，仔细分析它们之间的相互关系，继而实现有效的成本控制。

2. 借助一体化的成本优化控制，降低成本支出

企业如果盲目地从单一角度来降低运营成本，往往会招致与预期截然相反的结果。所以，很多优秀企业会采用一体化的方法来实施有效的成本优化控制。比如，IBM 公司早年提出了“一体化”成本优化控制的思路，甚至在新产品设计之初即确定成本目标，并将这一成本目标作为确定“从产品设计至推广”这一过程成本的基础，从而实现整体成本可控的状态。

广大企业亦可以以之为鉴，站在一体化的角度去实施成本优化控制。对此在具体实践中，可以从纵向和横向两个角度来拓展成本控制的思路。

（1）纵向一体化成本控制

纵向一体化主要是指“产供销”一体化管理。

其中，“产”是纵向一体化工作的起始点。“产”要出产品。没有“产”，就没有所谓的“供”和“销”。

“供”是产和销的中间环节。产品类型不同，其受“供应”影响的大小也有所不同：对于部分产品，可以延时供应；而对另一些产品，则必须保证及时或按时供应。这意味着企业必须保证“供”的时效性、稳定性、经济性及市场的需要性。

“销”是产品输出的最后一个程序。销是“产”和“供”的目的所在，也是企业在所有管理环节中最重要的一环。

除了这个基本链条之外，在“产”之前还可以考虑向前延伸供应商环节，延长一体化的覆盖范围。通过这种成本控制模式，企业可以有效地加强与纵向主体之间的联系，建立起一种良性的互动合作模式，并最大限度地减少库存量，提高企业的利润获取。

（2）横向一体化成本控制

横向的一体化成本控制可以从多方面加以考量。比如，部门协调性、质量适宜度、设备寿命周期等都对运营成本产生影响，故而都可以作为企业成本控制的基点。表 4–2 为横向一体化成本控制说明。

表4–2　横向一体化成本控制

控制方面	具体说明
部门协调	在现代企业运营时，一般是通过整合所有部门的优势，实现部门之间的协调发展，从而实现对整体成本支出的控制。而部门之间的自主协调是在充分调动员工积极性的基础上，使所有员工都能够清楚自己在成本控制体系中所担负的责任内容，采取在时间、空间上准确协调一致的行动，继而减少因决策和行动不同步而造成的时间延迟和成本损失
质量适度	企业可以将质量控制与成本控制的基本要求作为出发点，对产品（或服务）质量适宜水平和质量成本两方面进行分析和确认，从而提高产品质量的可靠性，降低成本额度，实现质量与成本的最佳结合
设备运行良好	设备运行状态直接影响着企业经营的经济效益。为了确保设备运行状态，除了要加强对设备的维修保养工作外，还应准确测算设备的经济寿命，选择最佳的更新时机。在质量稳定、生产均衡的前提下，企业可以借助价值（费用）这个效益衡量指标，将年平均最低费用作为确定经济寿命的基本原则

需要注意的是，成本控制不是单独的某个部门或个人的活动，它是使企业整体运营活动的成本支出实现最小化的活动。所以，成本优化宜从各环节、多层面乃至企业运营的全过程进行有效的成本预控，从而进一步提高企业运营管理水平，获得更高的经济效益。

3. 借助技术创新获得成本支出，获得品牌竞争力

为了实现低成本支出，企业除了从控制角度加大力度之外，还可以技术创新来实现这一目标。而且，技术创新也是企业彰显实力、夯实品牌竞争力的一种有效途径。在实践过程中，企业可以从以下角度来做好技术创新。

（1）选择适宜的技术创新模式，以降低终端成本

很多品牌产品的主要成本是研发成本，它对产品上市周期和终端成本有着直接影响。因此，如果企业能够致力于产品技术创新，并提高技术支持的效率，那么便能够使整个产业链的研发成本得以大幅度降低，以满足多变的市场需求。

2009 年，中国电信宣布 3G 终端战略提速及采购千元 3G 手机，以期降低中国 3G 手机的门槛。为了满足入门级手机对数据和多媒体功能的要求，CDMA 产业链核心企业高通公司表示，推出了单芯片解决方案，将电源管理、射频收发和基带芯片等都做在一颗芯片上，大幅削减了手机终端的部件数量，从而确保实现成本更低的设计创新理念。更少的部件使手机设计更简单，因此上市时间会明显缩短，同时还减少了耗电量，延长了手机的续航时间。高通公司采用集合的方式，使新芯片具备多种部件的功能，从而节省了部件采购成本，也为产品生产环节提供了便利，并为产品销售环节提供了更新颖的卖点。

2019 年被人们称为 5G 元年。在这一年里，华为在 5G 应用方面表现卓越，书写了三个世界第一——5G 专利世界第一、5G 基站世界第一、华为在无人驾驶领域标准上的世界第一。此外，据 2019 年 5G 手机份额数据统计，华为 5G 手机占比 71.7%，vivo 位列第二位，占比 17.7%；小米位列第三，占比 10.4%。而在 5G 手机销量排行榜单中，华为有三款机型上榜，Mate 30Pro、Mate30、Mate 20X 机型分别位列榜单中的第一名、第二名、第五名。

通过新技术的研发与设计，高通公司满足了客户的基本需求，又保证了对产品生产成本的控制，实现了“平衡高需求与低成本”的目的。而华为则通过技术创新，以绝对优势占领了整个中国5G手机市场的领先位置。可以说，技术创新为高通公司与华为公司打造了耀眼的品牌特征。

（2）明确技术创新的目标与形态，加大品牌的含金量

企业可以根据对内外部环境的分析，明确问题根源，把握发展机遇，选对技术创新的目标和方向，然后再有针对性地规划技术创新的形态。通常情况下，技术创新主要表现为三种形态：一是用创新产品替代即将退出的产品，以此保持企业和品牌的已有市场份额；二是发展型态势，通过技术创新，持续扩大其市场份额；三是开拓型态势，即通过技术创新，创造新的市场发展机会。

此外，企业还可以以产品多样化、投资回报率更高等为目标来进行技术创新。这种有针对性的选择，会使技术创新更具有目的性，少走弯路，自然也会节约成本。

从实践意义上来说，企业实施技术创新的过程不仅仅可以控制成本、降低成本，以此提升产品附加值。这个过程实际上也是企业探索品牌新路径的过程，是企业品牌重构的一种非常有效的方法。

第四节　以“免费”触动客户新需求，强化品牌认知度

免费是很多企业完成前期经营和推广的主要方式，特别是互联网企业经常采取这种模式。很多互联网产品与服务的免费对于客户来说是完全不需要支付费用，而对于企业来说，它们则通过免费服务获得了客户流量，并由此打造出独特的盈利模式。

1. 以免费为手段，吸引客户体验，发掘潜在需求

免费是很多企业完成前期经营和推广的主要方式，特别是互联网企业经常采取这种模式。从表面上看，免费不仅会导致企业无法实现获利，还会使之亏本；但是，免费又会吸引客户，为企业积累流量，最终形成一种巨大的品牌吸引力。

对于这一点，奇虎 360 公司的创始人周鸿祎深有感触：“我一直讲，看一家互联网公司能否成功，早期赚钱不赚钱不重要，只要看它的产品是否足够得好，是否好得足以凝聚人气，好得足以形成海量的用户基础。如果能够做到这一点，那么这家公司就一定有用户价值，只要它有用户

价值，就一定会找到某种形式去释放商业价值。”在这一理念的指引下，周鸿祎一直奉行免费策略——奇虎360早期的免费策略虽然使之亏损，但是长期的用户积累却使之在网络安全市场上做到了一家独大。

马云最初研发淘宝时，最大竞争对手是来自美国的易贝（eBay）。那么如何让淘宝变得具有吸引力和名气呢？当时，商家在eBay上开店是要收费的。马云由此想到一个方法：免费——让卖家免费入驻淘宝平台三年。看到这一消息之后，一些eBay上的卖家转战淘宝。此外，当时的eBay平台并不允许买家和卖家共谋损害自己的利益，因此并未开通买卖双方对话的功能。为此，淘宝网设计了能够即时通话的聊天工具——阿里旺旺。就这样，淘宝依靠免费策略，用三年时间打败了eBay，迅速完成了电商平台的布局。

通过免费模式，互联网巨头们吸引了大量的客户流量，使自己在创业之初颠覆了原有的竞争对手，同时快速树立自己的商业地位，建立起新的行业规则，带领一批新企业进入新开辟的商业模式中。

总之，在互联网时代，免费的背后包含着深刻的商业逻辑。谁能玩好这套逻辑，谁就能颠覆传统，打开一个全新的商业世界。

2. 允许前期不赚钱，但限定创造盈利的期限

一款优秀的产品在上市初期通过免费的策略赢得海量用户，这比一上市就赚钱获利要更有意义。这是因为：企业初期获得的海量用户会在后期为企业创造更多的利润，而初期收费的产品可能仅仅是短期火爆，或者在遇到一个免费的对手后便会烟消云散。这也恰恰是很多企业敢于在前期不赚钱、不盈利的原因，他们可以在客户价值链的其他环节获得利润，从而弥补前期烧钱的漏洞。

但是，企业在实施免费策略过程中，是需要支付运营资金来支撑企业向前发展的。所以，企业需要为“免费”设定最后期限，在周期内以免费或少付费的成本控制方式来提高产品附加值，吸引到尽可能多的客户。

3. 设定独特的盈利模式，提高品牌知名度和盈利性

免费的最终目的在于让企业最终能够盈利。假如一家企业能够将某种免费的服务做得很好，那么它在这种免费服务中聚集了大量的客户之后，便可以构建一种新的商业模式，以实现盈利的目的。目前，很多企业已经在践行这种商业逻辑。

爱奇艺视频会为自己的客户提供大量的免费视频，那么它是如何盈利的呢？

一方面，企业进行品牌和产品推广时，会通过付费的方式在爱奇艺视频资料的前端和中端，播放自己的广告。

另一方面，大多数人并不喜欢在看视频时看到广告。为了满足这一需求，爱奇艺推出了会员服务。人们缴纳会费之后，不仅可以自动过滤掉视频之前的几十秒广告，还可以提前观看一些电影或电视剧预告片。目前，大多数视频网站都采用这种商业盈利模式。

由此可见，对于广大企业来说，免费只是一个敲门砖，企业和品牌可以依靠免费的产品或形式来吸引客户形成口碑效应，而后再通过增值服务或其他产品盈利模式，实现企业的品牌发展与有效盈利。

那么，企业在用免费这块砖敲开客户流量的大门之后，又应采取哪些盈利模式呢？下面简单阐述几种典型的模式。

（1）直接交叉补贴模式

直接交叉补贴模式，即用付费的商品来补贴免费的产品。这是一种传统企业和互联网企业均能用到的方式。在传统企业中，我们见过超市中将一些特价商品卖给用户，但特价商品周围往往摆放着一些正价甚至溢价的产品，就是通过正价商品的利润补贴特价商品的亏损部分。在互联网企业中，这种模式更是被利用到了极致，对于奇虎 360 的用户来说，杀毒软件是免费的，但是病毒库的更新需要付费，这样付费部分的获利就可以补贴免费部分。

（2）广告模式

一些企业是通过广告模式来盈利。比如，人们在腾讯上看新闻，但腾讯会推送第三方广告；在百度上免费查询信息，但百度会推送第三方广告。这种模式叫作“第三方补贴”。但是，并非所有企业都适合这种模式。

最典型的是安全网站——安全网站上并不适合投放广告。奇虎 360

公司内部有一个规定，即不做弹窗广告。360 网站曾在主界面上放过几条文字链，为奇虎 360 公司带来了超过八千万元的年收入；但是奇虎 360 公司很快发现，如果老是弹广告，会让客户产生一种不信任感和不专注感，由此动摇 360 的客户根基。对于这类情况，选择广告模式是不适合的。

（3）增值服务模式

第三种模式是指部分免费、部分收费的模式，是指企业通过为海量用户中的少量用户提供多样的、个性化的收费服务来盈利。很多企业会将每个人都需要的服务认定为基础服务，免费的基础服务可以为企业获得海量的客户群。但并不是海量客户群中的每一个人都满足于这种基础服务，部分客户可能需要更高层次的服务。由此，增值服务应运而生。

（4）先免费体验后付费的模式

首先，企业要让客户先体验产品的基础功能或基础服务；随后，客户使用该服务的程度会越来越深，对产品的依赖性和黏性逐渐提升时，其更换产品所付出的成本会越来越高。而一旦客户达到免费权限的极限之时，会主动变成一名付费客户。

通过以上分析会发现，无论是哪一种模式，它们都是在通过先免费的方式来吸引客户的流量，提高产品或品牌的知名度，并由此搭建自己的企业盈利模式。由此可见，企业的免费与成本控制并不是其运营的根本目的，而提高品牌附加值、实现全局性的盈利，才是企业的终极目标。

第五章
打造民众消费新场景，深度拓展品牌传播渠道

随着时代变化，新的消费场景和品牌传播渠道越来越影响客户或消费者对品牌的接受度与选择频率。对于企业来说，是否能够打破传统的产品消费场景，重构品牌传播模式，使企业品牌产品能够适应当下的客户消费习惯与时代消费特征，这直接决定着企业是否能够稳稳地站在场景的上风口，进而在未来赢得市场制胜的机会。

第一节　重新定义消费场景，线上线下结合，消费随时随地化

近年来，随着互联网的快速兴起，人们非常喜欢讨论大数据、大趋势给企业品牌带来的巨大影响，却忽略了那些看似细微的消费场景变化。事实上，消费场景相当于品牌定位背后的“定位”，隐藏着客户或消费者作出购买决策的深层动机。对于未来的企业来说，对新场景的定义直接决定着其品牌竞争力。

1. 因应时代变化要素，创造全新的消费场景

“场景”一词最初是一个影视用语，指在特定的时间和空间里所发生的行为，或者借助人与物关系要素来构成的具体画面，可以理解为一个通过具体行动来表达剧情内容的特定过程。通过大量的场景，可以构成一个完整的电影故事。后来，“场景”一词被延伸到各个领域中。在现实生活中，消费场景是指客户（或消费者）在某种具体的情形下会使用企业的某一种产品或服务，其指向的可能是一段真实可触摸的现实世界，其中涉及人、物、环境、行为、故事等诸多元素。比如，一个人晚上 12 点加班完毕，但尚未吃饭，此时可能会选择与同事去海底捞火锅吃一顿，

因为海底捞是一家 24 小时营业的火锅店。

在移动互联网时代，企业进行市场竞争的重点逐渐被转移到消费场景上来。比如，在等车、逛街、工厂机械设备的运转、支付、物流等各领域中，都可能衍生出一个前所未有的消费场景。而企业如果想在移动端影响客户（消费者），增强客户（消费者）的黏性，就需要考虑构建一个适宜的场景，培养出客户（消费者）的消费习惯，这样企业将来才能在某个领域抢先占据垄断地位。

2014 年，腾讯和阿里巴巴在半年时间里，在打车市场上投入了 24 亿元用于补贴滴滴打车和快的打车的乘客，其目的在于构建一个当乘客打车后自然而然地使用其支付工具的消费场景，培养乘客的消费习惯。从这个角度来说，滴滴和快的之间的竞争，实质上是腾讯的“微信支付”与阿里巴巴的“支付宝”在营造支付场景方面的激烈角逐。

2017 年，小米公司发布了首款人工智能音箱——小爱同学，这款音箱至今仍被称为“国内客户体验最好的智能音箱”。很多客户从这款性价比较高的音响入手，开启了打造米家智能家居的消费场景——客户预设智能指令集，让小爱同学与零散的智能设备建立关联，执行家居使用命令。

可以说，目前每一个在国内移动互联网领域占据着领先地位的企业，都称得上是打造消费场景的杰出者。IT 行业资深经理人王冠雄曾说：“移动互联网时代，以超文本链接为核心的 Link 模式已经完全失效，这导致了流量的碎片化。目前，移动流量的核心特征便是场景。”比如，微信、知乎、果壳、豆瓣、美柚等手机 APP 应用的出现，已经使人们的日常社交场景被重新定义。

与此同时，产品成为了消费场景的实际解决方案，比如在滴滴打车中微信支付成为打车场景的实际解决方案。可以这样说，场景时代的到来，为企业品牌重构与消费群体的聚焦开启了一轮新机遇。如果当客户身处某个特定的场景中时，企业能够为其提供所需要的及与场景相关联的产品和服务，那么该企业便能够获得最强大的、最持久的消费能量。

2. 构建场景化体验模式，与用户建立有效链接

为了让客户真正与企业产品建立有效链接，那么企业必须设计一套操作简便、容易应用的场景体验模式，从而让客户可以轻松进入体验模式，并愿意高频率地使用该场景应用产品。

以支付类 APP 产品为例。2014 年之前，人们大多是采用现金支付的形式，且不会主动去使用这些支付端口。所以，企业必须有针对性地引导人们去尝试，熟练使用支付类 APP，并形成使用 APP 进行消费支付的习惯。

在场景引导支付的思维模式之下，阿里巴巴和腾讯打起了一场“红包大战”。2014 年 1 月 26 日，腾讯财付通平台在微信上推出公众账号“新年红包”，人们只要关注该账号，即可在微信中向亲朋好友发送或领取红包。当时，微信红包的发放主要有两种形式：一种形式是“拼手气群红包”，用户设定好总金额和红包数量之后随机生成不同金额的红包；另一种形式是普通的等额红包。人们在抢到红包后，即可提现到与微信账号绑定的银行卡中。

微信红包活动刚一启动，便迅速在各个微信群中活跃起来，并在除夕夜全面爆发。微信官方数据表明，从除夕到初八这9天里，有多达800万用户参与了这次红包活动，有超过4000万个红包被领取，平均每人抢了4～5个红包。红包活动的高峰出现在除夕夜，在最高峰的1分钟内有2.5万个红包被领取，每个红包的金额在10元左右。针对微信红包活动的火热景象，人们对微信红包所取得的巨大成绩给出了这样的评价，微信红包如同“携载核弹的B-52”“黑死病席卷欧洲那般”，马云将其形容为“如同珍珠港偷袭”。

在接下来的2015年春节时，微信红包、QQ红包和支付宝红包等平台预先做好准备，各种红包纷纷涌现，使人眼花缭乱。2015年2月2日，支付宝钱包推出了红包功能，在红包中增加了面向微信、朋友圈及QQ等的分享入口。但是，数小时后支付宝红包的微信分享端口便被关闭了；随后，支付宝快速推出“口令红包”。红包口令是用户将支付宝红包分享到微信或QQ时自动生成的一张带有数字口令的图片，用户可以保存此图片并将其发到微信群、朋友圈或者QQ中，其他人可以根据数字口令进入支付宝钱包首页，点击“红包口令”，输入数字，然后领取红包。虽然这一番操作有些麻烦，但也并未阻挡用户分享红包的热情。据称，口令红包上线仅 3 个小时，支付宝红包就在微信里传播了 200 万次。

为什么腾讯和阿里巴巴如此重视春节的红包呢？原因在于，它们在努力通过红包来构建一个消费支付场景，以此来提升移动端支付用户的黏性，为他们能够在接下来抢占移动支付的商机打下坚实的基础。

我们可以从一组数据中得知两个公司当时为什么如此重视此次红包大战。据统计，2014 年，中国手机支付用户的规模达到 2.17 亿，2014 年全年的第三方移动支付交易规模达到 77660 亿元，增长量为 2013 年的 5 倍。与此同时，国内的智能手机用户也已经通过余额宝理财、微信红包、打车补贴和移动端购物等方式，逐步培养起来了移动支付的习惯。所以，对于腾讯和阿里这些第三方支付平台企业而言，如果能够在最短的时间内迅速完善其支付生态体系，搭建出更多、更系统的支付场景，那么它们会吸引到大量的资金，由此获得更大的盈利效果。从根本上来说，尽可能地挖掘数亿手机支付用户背后隐藏着的巨大的经济价值，这是阿里巴巴和腾讯在这次红包大战中全力争夺用户的关键所在。

阿里巴巴为了培养移动支付背后的生态端，在支付场景构建方面付出了极大的努力。对于阿里巴巴来说，2004 年诞生的支付宝早已不再是新鲜事物，但是阿里却在努力通过支付宝来构建一个商业王国。

阿里巴巴最初研发支付宝时，仅仅是为了方便淘宝网购消费者的支付环节，而在消费者支付的时间差中，支付宝中会出现一些存量资金——

通过这些资金来获得利息，便成为支付宝的利润获取途径之一。后来，支付宝又新增了缴水电费、煤气费等功能，极大地方便了消费者的使用。再后来，又推出了利率（6% 以上）高于银行利率且能够随时存取的余额宝，一时间很多消费者将银行里的存款存入余额宝中。

为了强化大量用户在支付上的功能，阿里巴巴还给支付宝延伸出其他消费性应用，构建了更多支付场景。新版支付宝增加了一系列功能：便民生活功能（如手机充值、生活缴费、医疗健康、健康出行等）、财富管理功能（如花呗、借呗、蚂蚁保险等）、第三方服务（如电影演出、滴滴出行、火车票机票、酒店住宿、优酷视频等）、教育公益功能（如爱心捐赠、蚂蚁森林等）等。可以说，阿里巴巴用多种支付功能增强了用户的黏性。截至 2020 年 6 月，全球支付宝用户数量 12 亿多，比微信支付多出 1 亿多。

从根本上来说，阿里巴巴之所以强推支付宝，其背后隐藏着其宏大的商业愿景：它借助支付宝将消费场景覆盖到大多数移动用户的手机上，而作为一个商业世界的入口，阿里巴巴则将各类商业行为列入自己的商业图谱之中。

时至今日，无论是阿里巴巴、腾讯，还是其他企业，都已经认识到：只要黏住了移动支付端的用户，企业便可以通过移动支付端口去布局现代商业生态环境，形成一个系统、完整的商业闭环。当然，在这个过程中，能否构建一个新的、容易被消费者接受的消费场景，就显得格外重要。

3. 把握消费场景的设计重点，有效吸引消费者

时下，客户（消费者）的日常行为习惯已经发生了极大的改变——消费者可以通过语言、产品二维码，以及智能手机、智能手表等可穿戴设备，轻松、便捷地与某个具体的生活场景建立连接，以此刺激消费者的消费欲望。因此，任何一个消费者生活中涉及的具体场景都有可能成为一个典型的购物场景，人们的购物行为也从过去的以价格为导向变成了以场景为导向。在实践中，企业可以从以下方面来着力打造良好的消费场景，从而有效吸引消费者的注意力。

（1）实现消费场景的碎片化

在移动互联网时代，消费者的大块购物时间变得越来越少，而常常利用一些碎片化的时间，“见缝插针”地进行购物。很多上班族是在中午休息时打开购物平台，浏览商品后收藏几件自己喜欢的商品，再利用支付工具迅速下单，完成支付。此外，在乘坐地铁或者公交、在超市购物时，消费者也可以用智能手机扫描商品二维码，以便立即获得那款商品的相关信息，并直接完成支付。此外，在社交关系上，人们常常会基于对熟人的信任而购买那些他们推荐的商品，从这个角度来说，朋友圈晒图也是一种碎片化的购物场景。

2014 年 4 月初，阿里巴巴集团先后联合十几家媒体，在报纸上刊出“淘宝码”。如此一来，传统纸媒的读者在阅读时只需要用“手机淘宝”

扫描二维码，即可在手机上登录到淘宝平台上的商品详情与购买界面，然后通过支付宝来完成付款环节。阿里巴巴推行这一活动，使报纸成功散布在各城市社区和家庭中，为消费者提供一个个生动的消费场景。

场景法则的核心在于能够从消费者的习惯出发，贴合消费者购物需求。这样一来，只要是消费者感兴趣的产品场景，都能够转化为消费过程。

（2）确保消费场景过程的自然性

自然的场景不容易被消费者看出企业背后的营销目的，这样也更利于让消费者接受。

360手机卫士通常是在消费者手机流量不足时，在提醒短信中引导消费者去购买流量包。这种流量包购买的场景，构建得十分自然，消费者很容易接受。但是，如果手机助手每天给消费者推送各种下载APP的通知，就会让众多消费者感到极度厌烦。因此，构建场景时要讲究水到渠成、顺理成章，让消费者的消费欲望在需要或者适合的条件下被触发，而不是通过不断的强迫模式去生硬地要求消费者接受某种消费场景。

（3）确保消费场景的具体化

构建场景的细节越具体，对消费者的推动力则越大。一般来说，消费者对一个事物的直接接触是培养消费习惯的关键环节；特别是那些直接体现超级商品细节的内容，会更有助于强化对消费者的影响及消费习惯的形成。因此，企业在构建场景时，应该尽量关注到具体内容和微小细节的设计。

携程旅游网曾经和太平洋保险公司合作，在其旅游APP上进行一款航班延误险的保险产品的销售，但是，最终市场反应却并不乐观。经过分析，他们发现主要原因在于：携程旅游网所营造的用于鼓励消费者购买保险的场景相对模糊，这导致消费者对这一款保险产品不以为然。其实，如果携程网能够将场景更为具体地描述出来，便可以解决这个问题。比如，当一位消费者在购买旅游机票时，APP在预购保险按钮的旁边给出该航班晚点率高达70%，那么消费者对航班延误险的兴趣将会大幅提升。

（4）跳出既有的消费场景

众所周知，当下的手机APP软件呈现井喷式增长状态，很多人的手机中安装了大量的APP，而人们常用的APP其实只有极少几个。在这种情况下，即使企业在APP内设计了相对完善的场景构建体系，但是由于消费者不主动使用该APP和消费场景，自然无法对消费者的使用习惯造成影响。那么，如何来触动消费者的使用场景呢？

最好的方式是企业自己走出当下的地盘，多多利用外部触点。比如，位置信息、通知栏信息、手机短信等，都可以作为场景化的触点。具体来说，企业可以利用机票短信来构建一个预定酒店住宿的场景，利用银行账单短信来构建一个分期付款的场景。

当下，消费场景的构建已经成为众多企业竞争的焦点所在。可以说，谁能抓住场景，谁就能够在竞争中获得压倒性胜利。因此，企业必须重视打造场景，为消费者提供一种自然呈现、容易接受的场景。

第二节　借助高科技手段，打造智能化场景模式

今天的商业竞争是围绕消费者体验而展开的场景化战争。人工智能和科技的发展让新的场景造物不断涌现，而每一次新场景的积累都预示着一次消费场景的再造与重构。

1. 高科技与商业融合，打造高端智能化场景模式

未来已来，智能化场景日益成为人们的常态化消费场景。

（1）广泛应用 APP 搭设购物场景

目前，越来越多的企业已经刮起一股“智能化”风，借助 APP 搭设购物场景。这种购物场景是将互联网技术、理念与线下购物场景体验有机融合，构建一个融合购物中心的 Wi-Fi 网络、营销互动、VIP 体验、社区智能化生活联动服务等为一体的“第三生活空间”，具有更方便、更

快捷、更有趣、更人性化的特征。

如今，人们在各大购物中心消费时，通常只需在手机上安装一个APP软件，即可享受到便利、科技、快捷、互动等突出特征的新型购物体验。比如，消费者在自己的家中便可以打开APP，预定停车位，查看购物中心的品牌产品的上市信息及相关商品折扣，甚至还可以在线点餐和预约排队。而后，消费者可以通过APP定位导航，驾车抵达目的地，进入停车场后自助找到预定的停车位。到达商场之后，可以通过全域覆盖的Wi-Fi免费上网，使用导航技术规划最便捷的路径，快速而轻松地找到想要购买的商品，并通过手机完成支付。而在线排队到号时，会自动提醒就餐；在就餐过程中还可以在线预订电影票。最后，消费者可以通过APP自助缴纳停车费，而后离开商场，由此结束购物过程。

这种智慧化购物场景的搭建，以智能化的技术和形式来解决各种购物过程中可能遇到的难题，使消费者的购物过程成为一种享受生活的过程。

（2）以高科技为支撑的独特场景模式打造新兴业态

随着科学技术的继续深入，智能化购物场景在逐步完善与优化，“高科技+商业”的形态也在不断迭进与发展。高科技不仅在科学技术革新、销售渠道建设等方面与购物消费联系在一起，与文化、艺术、生活服务等方面也是紧密结合的，由此便形成了一种科技创新业态，非常具有参与性、娱乐性与文化性。

诸如科技展示馆、互动体验式科技中心等，是高科技作用于商业产品模式上的最直观的呈现模式。这种模式通过寓教于乐的形式，让人们全面系统又具有一定深度地了解科技中的奥秘，激发人们对高科技的好奇心与兴趣点。

从应用角度来说，这种类型的业态是非常适宜购物中心采用的一种新兴体验业态。目前，部分购物中心已经开始引入这种业态模式，“SM滨海第一城”购物中心就是其中之一。

位于“SM滨海第一城”的天津SM科技馆，占地3000平方米，设有以“探索地球生物之谜底、展现科技与工程之奥秘、探秘医学技术之伟大、了解食品工程之原理、发现能源与交通技术之创新、破解宇宙之神奇”为内容的6大主题展区，该科技馆采用寓教于乐、生动形象的展品展现方式，激发大家对自然、科技、宇宙等方面的好奇心，让消费者在遨游知识海洋的过程中，对科学技术也能产成浓厚的兴趣。该购物中心的建设项目还运用了先进的D5太空数码影院技术，建造了一个360度的3D球幕影院，该影院设置了近400个座位，其清晰的高分辨率画面及优质的音响系统，让消费者观影时犹如置身在宇宙中尽情遨游。

此外，高科技还与文化结合，进而形成了新的智能化载体。比如，利用高科技、高品质的商品策划和互动的设计，搭建出二十世纪七八十年代生人的童年回忆主题项目，例如，黑猫警长、迪士尼的米奇和唐老鸭主题乐园。通过这些高科技的手段，那些带着消费者的美好回忆的动物们显得更具有现代时尚的气息，更加贴近人们的现代生活。

随着科技的不断创新，未来的消费场景也必然会更加智能化，高科技与文化、艺术、生活的融合程度更高，并会衍生出更多新型商品来满足大家心中的各种消费需求（如对于新奇与刺激等的偏好），从而进一步推动消费者的消费体验实现全面升级。

2. 基于极端设想的安全场景模式，为品牌重构开辟新路径

在商业实践中，很多技术研发者或商业经营者都会面向不可知的未来，进行脑洞大开的预想，有时甚至会基于极端条件进行消费场景的设想，进而打造出一种独特的新消费场景。比如，海底捞无人餐厅的出现、武汉方舱医院的机器人应用、百度无人驾驶汽车的测试……一一出现在民众面前，它们都是基于安全消费场景的设计与应用。

海底捞餐厅斥资1.5亿元人民币打造出了“无人餐厅”，并计划于2019年12月在北京开始正式营业，昔日那些服务热情周到的服务人员将被智能机器人取代。

在海底捞“无人餐厅”里，智能机器人会把所有与食材加工相关的环节都统一前置到外包供应商和中央厨房环节进行处理。所有菜品都是从自动控温30万级超洁净的智能仓库中取出，然后通过0～4℃冷链保鲜物流货车进行全程运输，直达各门店。

顾客通过iPad点完单后，点餐的数据信息会自动传输到后端厨房的菜品仓库中。这时，就轮到机器臂出场——它高度灵活，最高可触至两米多高的货架顶层，轻松地取下所需要的菜品，然后再将菜品放置于传送带上，将其送至传菜口。这个过程，人工配菜员至少需要花费 10 分钟；而使用机器臂，那么仅需两分钟就能完成配菜工序。当机器臂配好菜后，站在一旁待命的机器人会得到一条指令，然后准确无误地将菜品送到顾客桌子前。因此，消费者的等餐时间会大幅缩短。

在海底捞“无人餐厅”酒水区，设有一个高达 3 米的自动取用酒水柜。这个酒水柜如同一个“大脑”，可以容纳 1100 个抽屉。而且，该系统会根据点餐的具体信息，将酒水自动送至最适合的出口处。此时，消费者可以自己去取用，也可以呼叫工作人员来送达。

过去，人性化等位区一直是海底捞的服务招牌，消费者可以在这里享受美甲、擦鞋、坐按摩椅等服务；而在今天的“无人餐厅”里，海底捞设置了一个超级等餐区，几排座椅所面对的是一个宽 13 米、高 3 米的影院级巨幕投影屏。这个屏幕如同一个联机游戏的界面，消费者通过手机扫码即可和其他等位的消费者一起游戏竞技。

海底捞这家“无人餐厅”是与松下电器公司、阿里巴巴集团合力建成的，在店内的监测大屏上，不仅能够看到每部机器在每个环节中的运作情况，还能够实时且准确地监测菜品的剩余数量，以及是否存在已经超过 48 小时保质期的菜品……

从一个烧脑大胆的设想，到将其全面演变为现实，海底捞用了三年时间，打造出了全球首家智慧火锅餐厅。这家无人餐厅省去了部分人工成本，其成本支出大约只占传统餐厅的四分之一。

2020 年新冠肺炎疫情防控期间，AI 机器人隆重登场。据称，在武昌方舱医院开舱的日子里，达闼机器人武昌方舱医院特战队 5 名成员，仅用了短短 6 天的时间，便完成了“智能方舱”指挥中心系统的部署交付工作。这些方脑袋或圆脑袋、高个子、短身材，被称为“大白、小白”的机器人，在 7×24 小时的时间内，持续活跃在方舱、医院、火车站、高速入口等抗疫防护现场。在医护人员较为繁忙之时，它们能担任送药监控、报警查房工作，代替医护人员进入隔离病房，进行全景 360 度无死角巡逻，甚至进行远程可视化指挥；在抢救治疗工作稍缓之时，它们又可以担当起卖萌逗乐、带操领舞的任务，带领患者们一起做健康操运动，使病房里的气氛活跃起来，帮助病人调整心态、保持乐观。为了降低抗疫一线人员面临的风险，该公司还对机器人增加了“非接触”式任务，开发出体温检测、口罩识别等新功能——通过非接触式测温方式，机器人可在 5 米以内同时快速测量 10 人体温；在检测到来往路人没有按规定佩戴口罩时，该机器人还会自动发出系统警报。

可以说，因 2020 年疫情防控而凸显出的现实需求，给机器人尤其是服务机器人产品研发及产业发展指引了方向，让更多从业公司看到了更多的产品及服务落地的场景。而加载在这些机器人背后的 AI 技术，更是由此获得了规模化商用的空间和机会。

近年来，越来越多的城市开始进行自动驾驶布局。至2019年底，中国20余个城市发布了自动驾驶测试政策，其中6个城市发放了载人测试牌照。其中，北京已为13家自动驾驶企业的77辆车发放了道路测试牌照，安全测试里程超过100万公里；河北沧州开放了首个区级全域测试路网，启动规模化自动驾驶载人测试。

2020年5月，湖南省长沙市全面开放试乘阿波罗自动驾驶出租车（由百度与一汽红旗联合研发），打车范围主要是在位于长沙市梅溪湖地区的开放道路，行车路线覆盖了长沙的居民区、商业区及工业园区等实用生活场景。根据部分试乘人员的反馈，这些自动驾驶出租车的车内平板能够显示360度视野范围内的障碍物并对行驶路线进行动态预测，清晰地呈现路况信息（包括途经车辆、车道、路口、红绿灯等一系列信息）；同时，伴有限速提示及变道提醒，乘客可以通过屏幕显示情况，实时关注汽车行进的时速及距离目的地的剩余里程数等信息。这次开展的无人驾驶汽车试乘服务，是国内首次面向公众开放的自动驾驶出租车服务；虽然自动驾驶出租车在长沙载客上路目前仍属于测试性质，但这一举措意味着自动驾驶技术已经向规模化落地迈出了至关重要的一步。

受到新冠肺炎疫情的影响，无接触服务越来越被人们视为“更安全的选择”。而这种困扰自动驾驶行业良久的真实应用场景，迫于疫情等因素也不得不加速呈现在民众面前。比如，在中国北京、武汉，美国加利福尼亚州尔湾市等地，自动驾驶行业独角兽企业小马智行的自动驾驶汽车装载着人们在电商平台上预定的各种商品，按照预定路线送至民众家中，这在很大程度上缓解了疫情期间激增的线上订单配送难题。

为了降低人与人正面接触造成病毒传播的风险，无人消毒车、无人配送车等一些小型低速无人车和其他自动驾驶汽车在医院、工业园区等场所里，频繁地承担起以安全为目标的无接触配送任务。可以说，无人送货、无人出租这些“原本被归为未来需求”的需求，因疫情原因而与民众的距离越来越近。2020 年 2 月，国家发展改革委等 11 个部门联合印发《智能汽车创新发展战略》提出，到 2025 年，我国将实现高度自动驾驶的智能汽车在特定环境下的市场化应用。

事实上，无论客户的行为发生怎样的变化，安全性始终是每个企业的最重要的研究课题。因此，通过无人化消费环境来确保客户的安全，以及确保客户在无人化场景下的安全行为，这将是企业技术研发过程中亟需突破的重要方面。而从商业落地的角度来看，实现高质量、低成本的规模化生产也是一大挑战。

未来经济学家阿尔文·托夫勒在《未来的冲击》中写道：“未来经济将是一种体验经济，未来的生产者将是制造体验的人，体验制造商将成为经济的基本支柱之一。”而无人化消费仅仅是人工智能时代开启的一个信号，随之而来的将是大量的无人银行、无人财务、无人超市、无人物流、无人加油站、无人酒店等机构逐步出现。可以说，智能化、无人化商品正在以前所未有的速度和影响效果，创造着全新的消费场景和消费体验。这不仅代表着各大产业的重大变革，同时也预示着企业品牌重构的新方向。

第三节　规划产品与媒体传播，全方位打造品牌传播效果

为了让客户更好地了解并接受品牌及产品，企业要考虑全方位地拓展传播渠道，打造新媒体矩阵，实现传播渠道的融合，向适宜的传播渠道进行精准投放；同时，也要考虑产品的自传播属性，使之形成更好的品牌传播效果。

1. 建立企业的新媒体矩阵，借平台打造品牌

新媒体矩阵是能够触达目标消费群体的多种新媒体渠道组合。矩阵主要分为横向矩阵和纵向矩阵两种类型。其中，横向矩阵是指企业在全媒体平台上做出的布局，包括企业自有 APP、官方网站和各类新媒体平台（如微信、微博、贴吧、今日头条、百家号、企鹅号等），也可以称为“外矩阵”。而纵向矩阵主要是指企业在某个媒体平台展开的生态布局，是其围绕各个产品线而展开的纵深布局，也可以称为“内矩阵”。这些平台通常是指规模稍大的平台，比如微信。在微信平台上，企业可以从订

阅号、服务号、社群、个人号及小程序等进行布局。

“美丽说”在2015年搭建了新媒体矩阵。“美丽说”的微信内矩阵主要是媒体矩阵，包含了“美丽说”订阅号、服务号、“美丽说”HIGO订阅号（现HIGO业务已经独立）及微信钱包入口。这几个账号在各自的侧重点上是有所区别的。例如，“美丽说”订阅号旨在“美丽”理念与信息的传播；“美丽说”服务号和微信钱包入口旨在辅助商品销售；“美丽”HIGO订阅号（俗称“黑板报”）用于发布企业新闻，旨在打造雇主品牌。在外部矩阵中，QQ购物号和“美丽说”自有APP的图文主要以产品销售为目的；“美丽说”微博、百度贴吧则以媒体传播为主要目的。由此可见，“美丽说”的矩阵搭建，最为侧重的是媒体公关，其次是商品销售。

从表面上看来，企业经营新媒体矩阵似乎是比较随意的，其实不然。从根本上来说，企业在运营新媒体矩阵时必须具备三个核心能力，分别是：对平台情况的掌控力、跨平台整合力及平台数据化驱动力。

（1）对平台情况的掌控力

企业只有对运营的平台有深刻的理解，才能更好地利用该平台的优势，去完成自己的商业活动。对平台情况的掌控主要体现在四个方面，如表5-1所示。

表5-1　对平台情况的掌控力

需掌控的方面	说明
对平台运作机制的了解	确认该平台是如何运作的。比如，作为一个普通的小型企业，是选择今日头条，还是选择微信公众号进行品牌传播呢？今日头条的模式基于算法分发信息，可以迎合更多消费群体的兴趣；而微信公众号更多以订阅为主，主要面向相对稳定的粉丝消费群
对平台人群的研究	确认该平台应用人群的情况。比如，该平台的应用人员是否与企业的目标消费群体完全匹配，以及匹配程度有多高等
对平台实力的研究	研究该平台的融资、团队结构以及具体使用情况等。例如，根据2018年的统计数据，今日头条系的APP是除了腾讯以外独立使用时长最多的APP
对平台发展趋势的理解	了解该平台的最新扶持政策等。这需要持续跟进平台更新情况，最理想的情况是进入内测组进行优先体验

（2）跨平台整合力

优秀的媒体矩阵设计有助于发挥协同效应，所以，如果企业运营者具备跨平台整合力，那么就可以灵活利用各个平台的独特优势，充分发挥出 1+1>2 的平台整合效果。一般而言，平台整合可以分为两方面：一方面是联动内部资源，比如新品发布后，在媒体矩阵内的所有媒体平台上同步发布消息，以最大化地利用自有资源；另一方面是联动外部资源，比如召开发布会时，邀请外界的关键意见领袖（KOL）亲笔写稿或倾力推荐等。

（3）平台数据化驱动力

对于新媒体的运营与拓展，除了将某个平台的运营经验运用到另一个平台之外，还要考虑如何应用大数据来驱动媒体运营和保障品牌传播效果。通过数据分析，不仅能够呈现结果、总结分析媒体平台的传播能力，还有助于优化前期经验、准确预判未来的品牌传播情况，这都会对新媒体传播效果产生积极的影响。

企业打造与运营新媒体矩阵的过程中，要意识到这是一个动态的过程，需要随着市场发展与媒体平台的变化而更新迭代。

2. 规划产品的自传播属性，提高品牌传播力

自传播是指基于一款产品或者一项营销活动自身具备的吸引力，激发人们主动转发分享的意愿。对于企业来说，最高端的品牌传播并非借助专门的营销活动，而在于产品本身的设计，即让产品能够自己说话，展示自己的优势，这也是实现自传播的最佳方法。

近年来，出现了一类台历产品：有的台历上每一页都有一句有哲理或有趣的话，比如单向历；有的台历上印有传统名画或古诗词，比如故宫日历、诗词日历。这类产品的新意引发了传播，于是人们纷纷转发到朋友圈，由此又触发了更多人去购买。这类产品便是把营销活动跟产品巧妙地融合在了一起。

百度品牌前总监、自传播影响力纪录创造者朱百宁总结出了一个比较体系化的方法论，叫作“自传播 486 模型”。

“4 项前提”：一个产品要实现自传播，就要满足 4 项前提条件：真实的需求、靠谱的体验、好记的名字、强大的组织。

“8 大战术”：实现产品自传播的 8 大战术是指主流程、可视化、加文案、个性化、植彩蛋、超预期、参与感、抓热点。

“6 个始终”：打造有自传播力的营销六原则，分别是：始终挖掘产品的潜力、始终调查人性的本质、始终发动群众的智慧、始终引入好友的互动、始终相信创意的力量、始终激发二次传播。

以8大战术中的“参与感”为例。参与感是指让产品具有社交属性，能够触发用户的参与感。只有当用户愿意对产品评头论足，愿意将其发在朋友圈里分享出去，才能形成规模效应。而社交属性的形成，通常源于用户心理优越感因产品而被激发。比如知乎，用户使用知乎在一定程度上代表了他对于知识的渴求，对这个世界充满了好奇心，是一种非常积极的、正面的形象。为了继续维护这种形象，用户就会更加频繁地主动去把“我正在使用知乎”这种信息传播出去，经过社交维度的一次次分享，让知乎的品牌效应大大增强。

要想让产品或品牌具有更好的传播力，就要顺势而为，把自传播属性植入产品当中。此外，企业还要努力从产品中挖东西（如数据、内容、故事），用其直接作为营销活动使用的资料库。

最典型的实践莫过于在产品里挖出真实的故事。企业要想做好品牌，就要讲好品牌故事。

谷歌街景记录了很多照片。有一天，一位美国小伙子给他的女朋友看他曾经工作过的地方。这时候，他发现了一个熟悉的身影，将其放大后，他看到了一条又老又脏的狗。他突然想起来，这条狗正是他当时工作期间喂养过的一条流浪狗。

有一天，他驾车再次回到那个地方，令他惊讶的是这条狗竟然还在那里。然后，他去问了附近商店的老板："这条狗怎么还在这里？"老板告诉他，这条狗在这里已有十年。

这是人和动物之间跨领域、跨时空的一种感情呈现。很多人听到这个故事时会非常感动，尤其是养过狗的人更是为之动容。

可以说，这是一个非常好的品牌故事。当企业从产品里面挖掘出一个好的故事之后，我们会发现：企业并不需要投资巨大地设计企业形象短片或方案，但却能制造出非常广泛的传播力，这就是在产品当中挖掘真实用户故事的威力。

企业在产品和品牌推广过程中，应尽可能避免简单粗暴地使用洗脑广告，一言不合就大力宣传；而要巧妙地设计并呈现产品和品牌的特色所在，最大限度地调动客户（消费者或用户）的好奇心和参与感，继而让客户（消费者或用户）主动参与到产品与品牌的传播过程中。

第四节 活化社群运营，强化粉丝黏性，提升品牌变现力

社群运营是一种呈现新消费场景的新媒体传播形式，也是推动品牌

传播效果的极佳实践模式。企业主导的社群运营是指在互联网时代，一群有共同的兴趣、认知、价值观的客户通过彼此互动、交流、协作而产生一定的社交活动，他们在感情上形成信任关系，从而形成一定的市场消费行为。

1. 聚集粉丝，培养潜在客户，强化粉丝黏性

企业的“粉丝”是指某产品或服务的忠实客户。可以说，任何品牌的创立与发展都离不开粉丝型客户的助力，但凡形成品牌效应的企业都有着一定数量的粉丝型客户。

（1）重视客户，挖掘潜在客户

企业要想做好社群经济，首先要增加企业粉丝的数量，持续挖掘潜在的粉丝，并使之转化成为企业的忠实用户。以小米为例，小米前期就是将客户拉入小米的社群，这些客户其实就是“米粉”的前身。企业可以从社群运作过程中去了解他们的需求，对品牌产品进行细节优化，让客户获得参与感，然后面向“米粉”进行营销，使品牌得以迅速崛起。所以，想要聚集粉丝用户，必须足够重视自己的客户，不断地与客户进行互动，收集客户们的意见；然后，为那些主动体验品牌产品的客户提供满足其期望的品牌价值，使之慢慢转化成为企业品牌的“粉丝”，由此形成多频消费行为，增加粉丝黏性。

（2）社群运营的主题明确

事实上，一个社群之所以可以聚合起来，最主要的是大家对该社群的主题或者是文化有共同的兴趣。这是如何做到的呢？首先，社群运营的主题必须具备一定的调性，即其风格应该是社群粉丝可以接受的风格，这能体现该社群的典型特征。其次，社群运营的主题必须是能够让客户持续产生黏性的、高质量的内容。最后，社群主题要具备较强的传播性，这样经过长期的内容积累，便可以形成一定的影响力了。

2. 提供价值，打造社群品牌，提升品牌传播力

企业形成一定的粉丝群体之后，就要考虑如何借助社群来打造一个属于自己的品牌，推进企业品牌的不断传播。其实，在企业聚集粉丝的过程中，其品牌效应已经逐步形成，只是传播力度有所差异而已。所以，企业应采取适宜的社群传播模式，使更多的客户成为企业的付费客户。

企业要为客户提供价值，并持续不断地进行价值输出，从而建立起双方之间的信任感。举个例子来说，如果我们建立一个花卉种植的社群，那么便可以与社群粉丝主动分享自己知道的种植方法。通过这些小小的行为，逐步让客户心中产生信任感。当客户认为社群能够实现互利互惠时，就会为社群做推荐，逐渐形成品牌付费效应。

随着数据时代的到来，流量入口的优势逐渐丧失，因此各行各业都有必要挖掘流量的增值价值。例如，在流量时代，腾讯积累了大量的客户；到了数据时代，腾讯公司则可以在这一基础上充分挖掘其增值服务及潜在价值。比如，淘宝网在奠定电商大咖的地位之后，开始为客户提供推荐服务及更深层次的服务。可以说，在数据时代里，社群运作时必须为产品和服务挖掘出对应的增值价值。

3. 选对社群变现方式，让客户积极主动地付费

当社群运作成熟之后，即可考虑社群变现模式了。关于社群变现，主要有三种方式，分别是社群自身变现、社群产物变现及跨界合作变现。

（1）社群自身变现

社群变现的第一种方式，是通过社群自身来实现变现效果。具体而言包括两个部分。

一是通过付费门槛筛选忠实客户。当企业社群达到一定基础量之后，企业可以从客户是否愿意付费的角度，筛选出一部分相对忠实的客户，进一步打造他们的黏性，持续进行品牌内容与价值输出。

二是通过社群服务来获得变现。假如你建立一个资源群，人们如果想得到这些资源，就需要支付一定的费用进入社群。提供这种资源，其实便是社群的一种特色服务。

（2）社群产物变现

社群产物也是可以为品牌实现变现的。社群产物变现可以分为两种方式，一种是直接变现，另一种是间接变现，具体如表 5-2 所示。

表5-2　社群产物变现的方式

方式		举例说明
直接变现	订阅专栏	十点读书或得到APP的订阅专栏，会基于现有的社群粉丝来分享一些相对深刻的知识内容。并非所有内容都是开放的，部分粉丝需要按月或者按期支付一定的订阅费；但这部分内容让粉丝感到受益匪浅，从而促使他们愿意持续付费以获得内容价值
	售卖课程	在这类社群中，粉丝会获得聆听专业授课的机会。课程形式可能是按年或一定周期（如一周几节课），且对不同的人群进行不同方向的课程培训。社群粉丝可以根据课程周期进行选择，并支付费用

续表

<table>
<tr><th colspan="2">方式</th><th>举例说明</th></tr>
<tr><td rowspan="2">间接变现</td><td>内容变现</td><td>简书APP上的内容可以生成长图片，直接转向其他平台分享。这些长图片有精美背景或者好看的字体进行选择，但前提是要充值或者购买成为VIP。此外，简书APP上还有充值和提现功能——当APP使用者被打赏金额满100元之后，便可以进行提现操作，而简书APP会在使用者提现时收取5%的费用。这些都是社群间接变现的方式</td></tr>
<tr><td>社群周边变现</td><td>通过社群周边产品也可以变现。比如，运作一个花卉种植社群，与大家分享花卉种植方法；也可以在此基础上向社群粉丝售卖花卉和花瓶花盆等产品</td></tr>
</table>

（3）跨界合作变现

跨界合作变现也是一种有效的变现方式。

比如我们从事植物种植、服装搭配或者视频剪辑等业务领域，那么在进行知识输出的时候便可以进行合作。比如，开设线上课程时，可以邀请对方的讲师来讲课，吸引新的客户流量，而后合作分成。当然，如果社群运作效果不错，可能会有其他社群进行线下活动邀约分享，那么便可以从中拿到一定份额的分享费，甚至以售票形式组织线下活动。

社群经济只有在快速完成变现之后，才能形成一个系统的商业闭环，而变现也是大多数社群进行运营的最终目的。如果能够强化社群粉丝的活跃度，凸出社群特色，选对变现方式，那么社群变现乃至提升品牌力都不再是难事。

概括地说，在场景时代，产品为场景提供解决方案；通过场景分享，打造出企业品牌。而如今，新消费与应用场景的设计、产品自传播属性的开发以及社群的运营，都已成为当下企业品牌传播与影响力打造的必由之路。

第六章
新产业模式崛起，实现价值生态系统升级

当今时代，人们评估品牌价值时已经不再单纯地以企业生产能力作为指标，而更看重企业的竞争优势。美国教授迈克尔·波特的理论指出，竞争优势源自企业产品研发、生产、营销、推广、物流等多项独立的活动。这些活动是构成企业价值与品牌差异的基础。因此，企业也应该考虑如何创新生产经营模式，打造全新的价值生态系统，以作为探索一个品牌重构与夯实品牌实力的方向。

第一节　选择恰当的价值链定位，实现企业升级革新

有这样一种情况：在同一条流水线上生产出来的鞋，被贴上国外知名品牌的标签之后，摆放到商场里便可以标出三四百元的售价，但如果贴着自家品牌却只能标出五六十元的售价，这便是国内许多代工企业面临的普遍困境。

1. 基于产业价值链系统意识，提高企业核心竞争力

企业需要通过一系列活动来创造价值。这些互相关联、能够创造价值的所有活动，共同组成一条价值链。通常，这些活动包括设计、采购、生产、检测、分销 / 渠道、营销 / 品牌、增值服务等环节。

在企业经营活动中，价值链是处处存在的。将上下游之间的企业连接起来的是行业价值链，而在企业内部的各业务单元之间则存在着企业价值链。位于各条价值链上的每一项价值活动，都对企业最终的价值实现发挥着不同程度的影响。

另外，波特"价值链"理论认为，企业与企业之间的竞争不仅局限于某个环节的竞争，而是整个价值链的竞争。而整个价值链的综合竞争

力决定企业的竞争力。如果企业能够根据价值链需要来设计组织结构，那么将有助于形成企业创造并保持竞争优势的能力。

所以，企业如果想获得竞争优势，实现精益化，必须首先理顺价值链，弄清每个环节分别创造出了哪些价值。然后，再以增加价值为中心，通过对企业业务流程的重新设计，将企业、客户、合作伙伴及竞争对手全部纳入价值链管理中。当企业明确了自己所处的价值链位置以及对应的价值情况，它们才能更具有针对性地、更加有效地提升其竞争力。

2. 聚焦最适宜的产业链位置，拓展企业利润空间

在整个价值链上，各环节的利润空间表现出明显的不均衡性。这一普遍的经济现象，我们可以用图 6-1 的“微笑曲线”来表示。

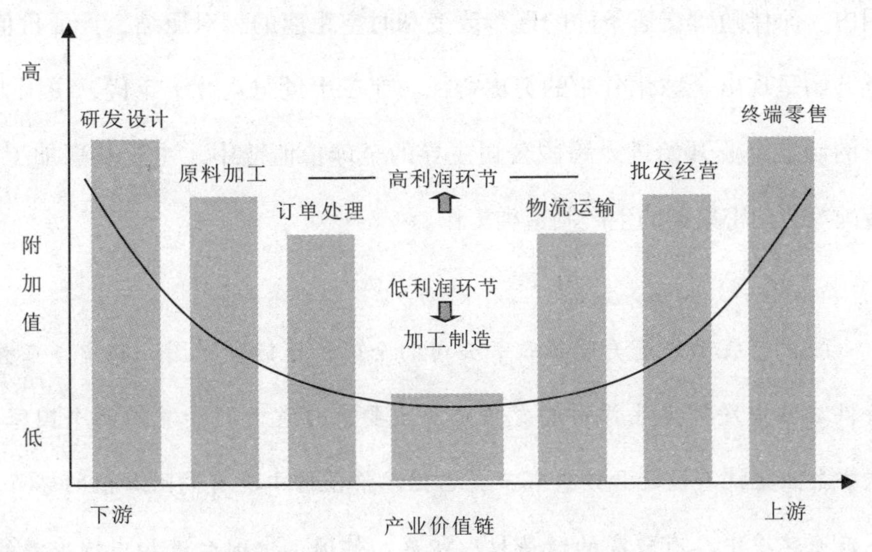

图6-1 产业链利润分布图——微笑曲线

从图 6-1 的整条价值链中可以明显看出，研发环节和营销环节的附加值相对较高，而生产环节的附加值相对最低——它处于微笑曲线的最低处。这体现在现实商业环境中就是：从产业分工的角度来看，制造型企业所获得的利润最为微薄，产品研发和营销销售的企业所获得的利润则最为丰厚；从企业员工收入的角度来看，从事生产制造工作的员工的薪酬水平最低，从事研发销售工作的员工的薪酬水平最高。

之所以会有这样的利润分配，是因为能够从事产品制造的企业数量相对较多，市场竞争极为激烈，最终导致企业难以获得较高的利润空间；而那种能够设计出爆款产品、引爆市场销售端的研发销售型企业的数量并不足够多，因此最终的利润空间相对较大。

在各国产业发展的早期阶段，诸多产业的价值链分布基本限于本国国内。而伴随着交通条件的逐步改变和时空距离的相对压缩，产业价值链开始呈现出全球化分布的突出特征。在二十世纪八九十年代，中国大量的制造企业开始进入跨国公司主导的全球价值链中，主要从事加工、装配等劳动密集型的生产制造类工作。

图 6-2 展示的是美国某服装公司的全球价值链分布图。其中，在整条供应链中发挥主导作用的龙头企业主要来自意大利和美国两个国家。这些企业把持着设计和销售环节，占据了价值链中具有高附加值的环节，在产业环境中具有较高的话语权；印度、韩国、中国台湾和中国香港的企业，它们负责采购和检验环节，属于整条价值链中的中附加值环节；而建于中国内地的广大企业则主要负责生产加工环节，处于整条价值链

中的低附加值环节。这与微笑曲线的形状表现出惊人的一致性。

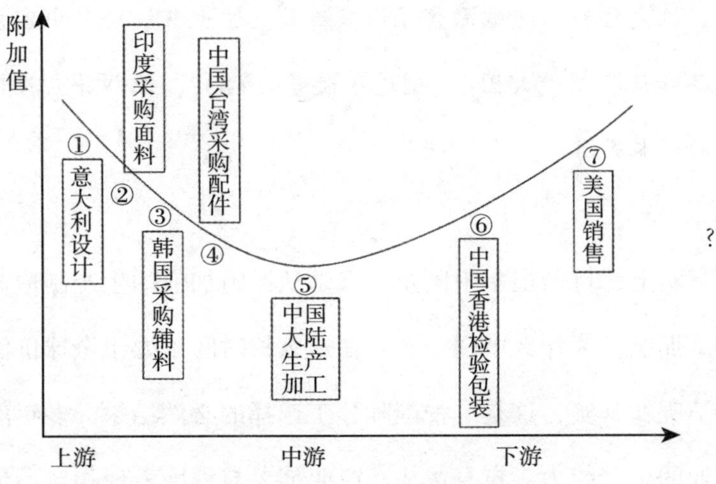

图6-2　美国某服装公司的全球价值链分布图

在跨国型企业的价值链全球化布局过程中，企业基于对利润的追逐，而把每个环节都视作一个个孤立的点；然后，在全球范围内寻找最低成本或最高价值，对各个国家或地区进行功能定位，希望以此实现企业营收增长与利润最大化。比如，一些跨国公司将制造工厂一次又一次地搬迁到欠发达国家或地区去，其行为的本质便是其对全球价值链的战略转移和重新布局。

中国的很多产业最初都是起源于代工业务，大多长期处于价值链中的生产制造环节，属于价值链的低端环节，利润空间相对狭窄。美国商务部公布的数据显示，一个芭比娃娃从最初的设计、制造到终端的零售，它的价值创造接近10美元。但是，中国制造企业却只得到了1美元的价值，其余 9 美元的价值则被归于产品设计、原料采购、物流运输、订单处理、批发经营、终端零售等诸多环节。这也就解释了中国被称为“婴童用品和玩具制造大国”，创造了大量的 GDP，但却并未收获太多企业利润的根本原因。

事实上，目前很多中国企业都是从低附加值的生产制造业务开始起步的。那么，为什么中国企业会在这么长时间里处于全球价值链的最低端环节呢？其实，这是一种国际分工选择的必然结果。多年前，中国制造企业的生产能力、自身优势、产业链参与程度表现相对不足，为了能够尽快进入世界产业链，中国企业唯有从生产环节切入，才能赢得企业生存和持续发展的机会。

然而，虽然生产制造环节的产品附加值最低，但是这并不意味着它不重要或者理应被摒弃。事实上，无论多么新奇的创意，都必须经过生产制造环节才能成为现实。相对而言，中国企业更需要努力在制造中心大转移和产业转型升级的大背景下，进一步强化自己在全球价值链上的优势和核心竞争力。

3. 采用恰当的价值链运营模式，推进企业升级

价值链的升级，离不开价值链运营。价值链运营，通常由价值链中的权力拥有者（比如龙头企业、各地政府等）对分散在各国或各地的价值创造活动进行协调和组织，来决定由哪个企业进入哪块市场，参与哪些环节的活动，获得哪部分的价值利润。鉴于全球价值链运营工作的难度较大，关联因素也非常复杂，下面介绍三种价值链运营模式及其升级的方向。

（1）独立型价值链运营模式

采用这种模式的企业的典型特征是：它们往往自主研发产品，自主组织开展生产制造过程，自主承担产品检验费或自设检验中心以自证产品质量，自己借助网络平台开设网店进行销售。从企业自身的角度来看，似乎已经形成了一条完整的价值链。但是，目前国内这类企业的数量并不多，发展体量通常也不大，人们对这类企业的评价非常形象——小而全。

如果要在采用独立型价值链模式的状态下考虑如何进行价值链升级，那么这类企业就必须对整个企业的运作进行全方位调整。但是，如果企业资源分布的环节过多，企业的力量较为分散，最终会使得每一个环节都难以达成理想的升级效果。而且，这类企业通常只能依靠自己现有的能力去推进价值链升级，而难以取得来自外界的各方面助力，这使得价值链调整往往不易见到成效。

（2）关系型价值链运营模式

在关系型价值链模式下，价值链上各个环节企业的存在都要依赖于龙头企业的存在，并主动为龙头企业的升级与发展竭尽所能地提供支持，龙头企业与各个环节企业之间是互相依赖的良好合作关系。目前，这种模式在部分行业或产区中已经广泛存在。

在动漫产业中，奥飞娱乐公司便是一家应用关系型价值链模式的典型企业。奥飞娱乐公司与其各家合作伙伴之间大多属于朋友关系。作为价值链上的龙头企业，奥飞娱乐公司每年从总营业收入中拿出一部分经费支出，用于帮助其合作伙伴们获得推进工艺升级行动的资本，支持合作伙伴提升自己的企业经营管理水平。与此同时，奥飞娱乐公司还主动积极地拓展其产业价值链，将其业务扩展到产品、动漫、电影、游戏等多个领域，覆盖了更多的价值链环节。

在这种价值链模式下，龙头企业既能够强力拉动整条价值链上的所有企业进行产业升级，也有能力对它们进行技术锁死，将其长期按于价值链最低端，甚至将部分低端技术企业踢到价值链之外。因此，龙头企业之外的其他企业为了避免自己陷入过于尴尬的境地，就必须快速提升自身的核心能力，主动持续为自己升级迭代，以期获得与其他企业相对平等的地位。

但是，龙头企业也存在一定的经营风险。比如，龙头企业需要为了平衡价值链的运作、帮助伙伴提升经营能力而调出自己的部分资金和精力。如果企业的摊子铺得太大、扩张过度，那么即便是龙头企业，也可能由此陷入经营困境。所以，如何把握合作关系的度是至关重要的。

（3）市场型价值链运营模式

在市场型价值链模式下，整条价值链上基本没有较为突出或典型的龙头企业，价值链各环节企业之间属于市场交易合作关系，每个企业都有能力提供这个环节的完整服务。可以说，在市场型价值链模式下的各企业之间表现为相对平等的地位。

在市场经济环境下，企业之间的平等关系形成往往是因为合作企业的实力强大，如果各方之间能够达成长期合作意向，那么对彼此的升级与发展都会是大有裨益的。如果市场型价值链的某个环节企业离开某个地区，这并不代表着合作伙伴也必须跟随之离开该地区，而是可以寻求另一个合作伙伴或开拓另一种合作方式。

通过理论分析可以发现，市场型价值链模式是三种价值链模式中最为理想的状态，也是各行各业企业未来努力达成的状态。

第二节　正确选择外包、代工或自主品牌，实现成本收益最大化

从价值链结构来看，企业要想生产一种产品，并不需要具备设计、制造、包装、运输等发面的所有能力。而事实上，企业也无法在这些方面都具备突出的优势——很可能其需要的某项业务正在或可能占用企业的大量成本，但企业又不想在这方面投入太多的精力和资源，那么外包无疑是企业节约成本和有效推进业务开展的最佳选择。

1. 面向最适宜的领域，做出适当的外包业务抉择

近年来，“核心竞争力”这个词被人们反复提起。毫无疑问，掌握了核心竞争力的企业往往可以在市场竞争中赢得成功的先机；另外，核心技术往往是企业需要投入最多的方向，所以企业也需要在其他方面进行成本控制。如果企业在核心技术方面与其他方面的成本消耗都很大，那么对于企业来说无疑是非常不精益的做法。下面是某电视机制造企业的成本消耗，如表 6-1 所示。

表6-1　某电视机制造企业的各构成成本消耗表

产品类别	成本消耗（元）	与其他企业平均成本比较（%）	利润贡献率（%）
液晶面板	1400	99	3
控制板	190	73	11
电源	35	103	–1
外壳	68	110	–3
遥控器	40	101	–1

在该企业中，控制板是企业的核心产品，其资源消耗最少，价值创造最大；而其他部分的产品由于缺乏技术支持，严重拖累了企业的总体效益。因此，该企业可以考虑将其损害盈利的方面进行外包生产，委托为其他优质的供应厂商，这样既能提高产出质量，又能减少不必要的成本消耗。

这个案例中所列举的是一种针对生产流程的简单外包业务。企业在实际商业实践与生产过程中，可以根据不同的业务流程选择适宜的外包类型。常见的业务外包主要分为以下五大类。

（1）人力资源管理外包

人力资源管理外包是一种在国外较为普遍的业务外包类型。它是指企业将人力资源管理的相关业务外包。外包的具体事项包括员工招聘、员工培训、员工租赁及派遣以及人力资源相关信息咨询等。

（2）财务外包

企业将财务管理的相关事宜或部分业务外包给专业机构代理操作和执行，提高了财务作业的专业性。此类外包类型主要包括：员工工资及差旅费外包、财务报告外包、税务外包、账款外包等。

（3）电子商务外包

由于电子商务在技术和市场营销方面有很高的要求，中小企业自行开发难度大、成本高。所以部分企业将这部分业务通过合同委托给专业的电子商务服务商，为其提供部分或全部的电子商务服务。

（4）物流外包

物流外包是指企业为了节约管理成本、提高效率，通过合同的方式将物流业务委托给第三方物流的外包模式，具体流程如图 6-3 所示。这种外包类型主要被制造型企业所采用。

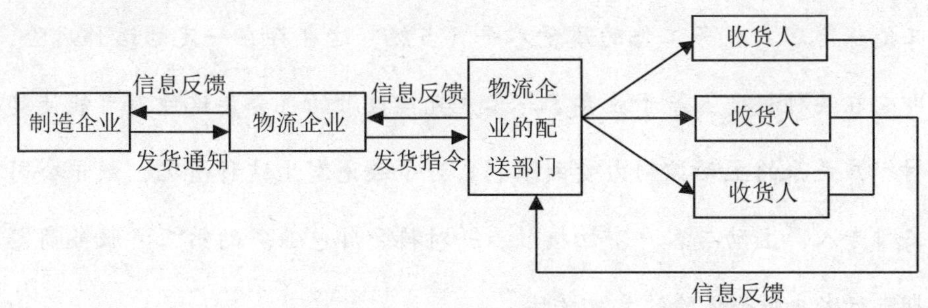

图6-3　物流外包的一般流程

（5）IT 外包

IT 外包是指企业为了节省人力资源、提高工作效率，将全部的电脑、网络及电子设施的维护工作一并外包给专业的电脑维护公司来操作。

在业务外包方面，戴尔公司是领军者，其做法堪称典范案例。早在 20 世纪 90 年代后期，戴尔公司便已经开始考虑生产大型服务器，而购买这些高端服务器的公司则必然会产生大量新的服务需求。对于这一市场预测结果，戴尔公司必须快速地做出市场反应，并为满足这些新生需求而随时做好准备——这些准备工作的内容繁多，甚至包括处理各种可能出现的产品故障。但在当时的环境下，作为大型服务器市场的新进者，戴尔公司尚不具备提供规模化客户服务的能力。这意味着：如果戴尔公司想要向客户提供这种客户服务，那么它将付出相对高昂的成本代价，而且未必能够保证其提供的客户服务是最优质的客户服务。

最终，戴尔公司找到一种被广为赞叹的解决方法，即将现场客户服务业务外包给第三方服务商。由于这些服务商曾经为大量客户长期提供专业服务，戴尔公司采取这一外包的举措，既能降低自身的成本支出，又能保障客户服务工作的质量水平。当然，这也存在一定的运作风险，即它在某种程度上等于放弃了与客户直接接触的机会，这便有可能使其对客户关系的主动控制力受到限制。为了避免发生这种情况，戴尔公司安排专人，主动与客户密切接触，并对接受外包业务的第三方服务商定期进行客户服务体验的系统评估。

可以说，要想让企业的固定成本降低，又使企业的输出质量水平得到保证或提高，业务外包算是一种相对理想的处理方法。对于企业内部无法消化的方面，企业可以有效利用外部资源，将其转化为利润。在这种情况下，企业应建立正确的认识：为企业提供服务的第三方并非企业成本的分散者，而应是值得企业信赖的合作者。

2. 正确使用外包业务模式，尽可能规避外包风险

很多成功的大型企业将高成本的流程进行低价外包，既帮助企业保留了核心竞争力，又节省了不必要的成本支出。比如，波音公司不是一个完全意义上的飞机制造商，而是一个以飞机为对象的系统合成者；耐克公司不曾拥有一家鞋厂，它所侧重的是市场营销及产品设计等。但是，这并不意味着所有问题都能够通过外包来彻底解决掉。事实上，在外包业务的运作方面，企业必须秉持小心谨慎的态度。

2010 年，某 IT 公司为了节省成本和保持核心竞争力，决定实施业务外包的策略。该公司将财务、会计、人事、生产、物流、IT 等业务全部外包，并创造了总体不错的业绩，快速成为同类行业中的佼佼者。

而到了 2019 年，该公司却不得不将部分业务回收，放弃了全部业务外包的运作模式。这到底是为什么呢？一是员工普遍反映，外包公司在反应速度、问题解决质量上有很多问题。而外包公司的组织规模较大、组织结构复杂，每次出现问题时都需要层层汇报，即便是处理一个简单的问题，也往往需要按照流程，经过数天时间才能处理完毕。而对于企业来说，当某些环节出现问题时，各外包公司又难以快速处理，往往导致整个业务进程受到阻碍。二是在人事方面，公司将核心业务外包之后为内部员工开出的薪资水平相对较低，导致公司骨干人员流失严重，人员结构出现断层，极大地损伤了企业的长期竞争力。基于这些原因，该公司不得不选择收回部分外包项目，亲自操作。

可见，虽然业务外包在控制成本方面发挥了非常积极的作用，但其本身还是存在一定的风险因素的。因此，在选择外包服务方面，企业可参考以下指导原则进行操作。

（1）衡量外包项目

在企业决定业务外包时，必须给出一个明确的、让人信服的业务外包理由。同时，企业的管理者必须做出判断："选择外包的效果是否真的比企业内部运作会更好？"

（2）寻找合适的外包企业

并不是每个外包企业都值得企业信任。企业所需要的，必须是那些熟悉自身的业务，并能够为企业提供有效帮助的合作伙伴。通过与合作企业充分交流，可以获得更多、更准确的信息，这些都将是影响企业作出最终决策的重要依据。

（3）明确责任与义务

在选定了合作伙伴之后，企业要做的就是签订一份合同或协议，以此规范合作双方的具体责任与义务，并将此作为最终评价业务外包效果的标准和依据。这要求企业管理者通过精确的成本与收益分析，来确定最终评价指标，并将此作为提高效益水平的基本指导方针。

（4）保障流程的运行

当所有准备工作就绪之后，接下来要做的就是确保该流程顺利运行。由于外包企业之间无法进行联系，因此企业要作为各个外包企业之间的纽带和桥梁，协调各个企业的关系使业务得以正常推进，保证各个环节之间通畅衔接。同时，要减少员工因外包而带来的心理不安之感，对企业中的核心骨干人员要做好物质及精神上的保障，从而留住企业的优秀人才。

可以说，没有任何一个制度是完美无缺的，在业务外包模式的选用上也如此。企业可以通过这种方法，灵活而有效地协调成本与质量的关系，但同样也要敢于承担这种选择可能给企业带来的风险。企业切忌盲目地做出业务外包的决策，正确谨慎地使用这一策略，才能为企业创造出更多的利润。

3. 认清代工与自主品牌的差异，明确企业的发展方向

从历史发展历程来看，中国制造型企业早年是从事代工生产业务的。但是，中国企业获得的利润却是相对微薄的，且因中国企业早年欠缺成熟的研发设计能力及著名的品牌支撑而使得“中国制造”在世界范围的竞争力相对薄弱。所以，从代工贴牌生产商转变成自主品牌设计制造商，是中国许多制造型企业的转型之路。尤其是在过去几年里，从纺织品到鞋履皮包，从小商品到电子产品，每一个行业都在发生着巨大的变化。

在过去 20 年里，中国很多制造商都在努力持续提高产品的科技含量。比如，部分制造商是从代工贸易开始起家，后来，他们开始自主研发越来越复杂的产品技术，成为一部分原始设计制造商。这意味着这些企业已经开始考虑培养对产品设计与制造全过程的独立把控能力，并将自主品牌的标志印刷在用于零售的产品包装上面。

在过去几十年里，中国一大批制造工厂在争夺外销、代工订单的过程中持续修炼自己的内力。

松腾实业公司拥有 70 项国际专利，公司于 2003 年开始研发扫地机器人。10 多年来，该公司主要为霍尼韦尔、惠而浦、飞利浦等品牌从事代工业务，每年生产出超过 100 万台扫地机器人，被贴上知名大牌的标志送往全球各地。2015 年，该公司推出了自主品牌“家卫士”。

然而，“虽然内销、外销的同款产品都是采用同样的标准、工艺、用料，使用的是同样的生产线，但是贴牌产品完全不愁销路，而自主品牌却无人问津”。家卫士工厂厂长吴鹏云介绍道。在现实中，很多消费者宁愿花 4 倍的价格去购买贴牌产品，因为他们对于“家卫士”一无所知。

家卫士是中国中小制造企业中的典型企业。这些企业在中国经济市场中的抗风险能力较弱，大多处在“微笑曲线”的底部位置。那么，如何跳出成本曲线的底部泥潭呢？

一般来说，企业在品牌建设之初，最缺乏的就是品牌产品设计能力和品牌营销渠道。不止是家卫士，许多企业也都有着极为相似的标签：长期为国内外的知名品牌从事代工业务，在国际供应链中扮演着极为重要的企业角色；但由于营销渠道不够顺畅，他们的转型升级难度相对较大，难以形成自主品牌的绝对优势。

在商业实践中，中小企业在转型升级时往往会遭遇供给侧、需求侧、分配侧等方面的诸多问题，它们不知道将自己的产品卖给谁、应该卖什么、怎么卖才好。事实上，企业只有找准产品和品牌的定位，制定差异化的品牌战略，才能有效发挥企业在生产和价格等方面的独特优势，最终形成品牌效应。

当中国制造业企业开始进入全球价值链的高端位置，企业要想真正参与到国际市场的竞争与合作中，其能够依靠的绝不是代工贴牌，而是以创新的形式进行创造性产出。而强力打造自主品牌，这是广大中国企业在国际产业价值链上不断攀升的重要载体。从简单模仿到自主创新，从贴牌代工到本土创牌，中国制造品牌已经实现了巨大的、质的跨越。近年来，华为、联想、海尔等一批优秀的中国企业和中国品牌，在国际激烈的市场竞争中成功突围，让全世界对曾经的“品牌代工厂”刮目相看。如今，越来越多的中国企业正在走上品牌建设之路，并持续向前行进。

第三节 借助互联网技术的优势，探索新型企业优化经营之道

华为公司轮值 CEO 胡厚崑曾说过：“在互联网时代，传统企业遇到的最大挑战是基于互联网的颠覆性挑战。为了应对这种挑战，传统企业首先要做的是改变思想观念和商业理念。”“互联网正在成为现代社会真正的基础设施之一，就像电力和道路一样。互联网不仅仅是可以用来提高效率的工具，它更是构建未来生产方式和生活方式的基础设施。”

在互联网时代，那些与互联网脱节或结合不力的企业，势必面临生存艰难的境地。因此，主动应用互联网，与互联网相融合，是企业走向未来的必由之路。企业可以重点从产业价值链的各个节点出发，实现互联网化。下面以价值链上的生产与研发环节为例，来说明互联网技术给企业经营业态优化带来的影响。

1. 根据消费数据来预测未来需求量，精准规划生产

生产互联是指企业通过互联网媒介来辅助开展生产活动。它的直接表现是：通过预测客户的未来消费需求来安排生产计划。

（1）互联网给订单式生产提供力量加持

在传统的企业经营模式下，客户购买产品后，处于中间环节的销售渠道会积累一段时间的销售数据，然后销售商根据预测结果来向上游的生产企业发出订单。

而在如今的互联网模式下，当客户发生消费行为后，与其消费行为相关的数据信息会在第一时间内被汇总到生产企业，生产企业会根据这些消费的数据信息进行整体预测。那么，一边是掌握整体大数据信息的生产企业，另一边是仅观测局部销售情况的销售门店，哪一方能够做出更为精准的预测结结果呢？很显然，掌握大数据信息的生产企业做出预测结果会有更高的准确率。而且，这种借力于大数据预测结果的生产模式，也大幅缩短了信息汇总与分析的时间周期。

总之，不管是直接转为接单生产，还是根据更精准的预测结果来组织生产，这对于消灭供给与需求的不匹配问题都产生了较为积极的影响。而从整个供应链角度来说，它还降低了成本，同时增加了企业的销售机会。

（2）调和品牌生产量与供应量之间的矛盾

当然，采用生产互联模式的最大益处在于它改善了品牌商和零售商之间的关系。在传统生产经营模式下，部分品牌商为了控制库存量，会强迫零售商预测销售量，并承担生产预测失败所造成的风险，而零售商又因库存成本问题而努力压低进货的价格，如此一来，常常导致品牌商与零售商的“双输”局面。

举个例子来说，为什么婴童服装的售价这么高？因为零售商无法精准预测如今的家长和孩子到底喜欢什么样的产品，这便倒逼品牌商设计出更多的服装款式，以期其中某款产品设计打动家长和孩子的心。于是，品牌商可能会在夏天到来之前推出数十款小裙子，但其中可能只有10款服装销售火爆，被称为“爆款产品”。那么其他服装的成本则需要借由爆款服装的售价来摊平，这就成为婴童服装贵的原因之一。

但是，在互联网的大环境下，这一切正在改变。品牌商和零售商之间开始有意识地进行持续的敞开式的沟通与交流，提供被目标客户群体真正认同的产品和问题解决方案。目前，这一趋势在很多线上业务中表现得极为突出。

乐友利用企业多年对全球母婴商品供应链及服务链的建设工作的有力把控，并迎合新一代客户的消费需求进行消费供应升级，积极地推进线上线下业务的全渠道整合。

2000年，乐友网正式上线。2001年，乐友的第一家线下门店开业，在业内率先确立了线上线下结合的孕婴童产品零售模式。2004年，乐友会员目录创刊。2014年乐友APP上线，至此乐友正式确立“APP+网上商城+连锁店”三位一体的零售模式。截至2020年，乐友开设的门店已经达到700余家，遍布全国150余个城市，其注册会员的数量也已经超过 1800 万。

概括地说，乐友的渠道模式整合表现为：整合品类资源渠道、建设物流体系、共享会员数据等，同时采取直采直销、售后可追溯、开发自主品牌（如歌瑞家）等方式，为消费者提供一系列安全、便捷、高性价比的专业服务。

乐友采用的这种多渠道整合模式是非常值得借鉴的。如今已被广泛应用于互联网平台，使得品牌商和零售商能够更方便地获得与利用信息资源，而后以此调整具体的产品输出与供应活动，从而更精准地规划和提升供需匹配水平。

2. 洞察消费者需求的热点，有效缩短研发周期

在产品研发方面，企业可以通过互联网媒介来辅助开展工作。从实践上来看，研发互联主要表现在以下方面：企业借助互联网来收集客户的消费需求，进而使得企业的研发目标更具有针对性，使研发成果更具有适用性。同时，企业还可以借助互联网技术来缩短研发周期，使产品能够更快进入市场。

（1）洞察消费需求

在大数据时代，企业可以做到“比客户自己还了解客户”。我们打开手机中的“网易新闻客户端”会发现，每个人所看的新闻都是不同的。这是什么原因导致的呢？这是因为，网易新闻会根据客户每次的点击内容和点击频率，去发掘客户的兴趣点或关注点，然后在接下来的一段时间内为客户推送他们感兴趣的新闻或热点。

可以说，规模庞大的数据资源在决定着企业的未来发展趋势。在研发实践中，企业可以基于大数据和分析结果来做出研发决策，这与以往基于经验和直觉的研发决策是截然不同的。我们在市场中看到的很多爆款产品，都是先通过广泛获取的大数据来确认客户的消费需求热点，然后再有针对性地进行设计。

有这样一家汽车模型制造企业，10 年前，这家企业凭借经营者的敏锐直觉去研发产品，其销售量在业界多年来都名列前茅。但到了 2019 年，这家企业的经营者开始减少在这方面的精力投入，而研发部门竟然自此找不到产品研发的方向。在 2020 年的一次内部会议上，这家企业的经营者向市场销售部的负责人提出了一个问题："如果在我们的遥控玩具汽车上增加漂移功能，消费者会不会喜欢这款产品呢？"市场部负责人当时竟然无言以对，因为市场销售人员平时只关注怎样销售产品，而没有思考过"客户需要什么样的产品"等类似问题。

实际上，主动发现市场上的流行要素，这是市场销售人员的基本职责。如果销售人员都如同案例中的那样，局限于销售与接洽订单的话，那么企业对市场的敏锐度将逐渐丧失。而究其根源，便是由于企业缺少大数据资源作为分析支持。与之相对应的，是无数中小型互联网企业的经营者每天盯紧京东、天猫等平台上的产品销量排行榜，然后迅速组织展开大数据分析，力图紧密追踪市场需求的变化与趋势，努力从产品研发设计之初便确保产品能够符合消费者的现实需求。

（2）缩短研发周期

从产品需求调研到产品推向市场，这段时间是产品研发周期。在这个快鱼吃慢鱼的时代，如果企业的产品研发周期太长的话，便会给企业带来巨大的市场机会损失。而若能有效引入互联网技术，则可以帮助企业大幅缩短研发周期。

一些聪明的企业经营者为辅助缩短研发周期，引入先进的技术软件，比如 PLM 产品生命周期管理软件。这款软件是一种典型的互联网技术软件，也是一种常用的产品研发管理软件或系统。它可以利用整个企业的数据来组织开展产品研发。以金蝶 PLM 产品生命周期管理软件为例，它打通了企业内部的“部门墙”，打通了上下游环节之间的“信息壁垒”，通过统一的多项目管理平台，全面汇总目标产品的相关信息，这一优势特征给产品研发环节带来的影响尤为突出。

除了借助上述软件进行研发设计规划之外，企业还可以借助 3D 打印技术快速输出样品，以预先确认和精准评估产品的基本功能。

S 企业是一家房产企业，专门引入 3D 打印技术，用于工程设计与打样。我们知道，3D 打印技术是一种依托互联网而存在的快速成型技术。它以数字模型文件为基础，运用一些可黏合材料，通过逐层打印，直接生成实体样品。而 S 企业则是通过 3D 打印机，直接打印出工程设计师们设计出的房屋模型，除了在材料和规格大小上与成品有差异之外，其款式设计等方面与成品几乎没有任何区别。如此一来，人们便可以通过 3D 打印的样品来快速看到建筑设计方案从电脑设计图变为成品的样子。可以说，3D 打印技术的引进极大地帮助企业缩短了产品从设计到实现的周期。

当互联网技术被应用到研发环节之后，企业研发周期将大幅缩短，成本也随之大幅降低。可以说，互联网正推进着各行各业发生着巨大的变化，朝着人们过去难以想象的方向迅速发展。

第四节　行业分工精细化，着力打造全新行业生态环境

当前，企业的竞争已经不再是企业与企业之间的竞争，而是生态圈之间的竞争。在此过程中，企业要么将自己打造成生态圈的平台，要么从一个生态圈的垂直领域切入，实现单点突破，从而赢得竞争，达到共生共赢的状态。

1. 实施品类细化，做好垂直整合，实现优势叠加

随着国家“互联网 +”战略的提出，越来越多的创业者开始投身于互

联网创业的大潮中。可以说，“互联网+传统行业”已经成为新时代创业者着力开发的创业蓝海区域。对于处在创业期的中小型企业来说，要想在较短的时间内将自己打造成像阿里巴巴那样的大型电商平台，这显然是很不现实的。那么，那些创业型企业应打造什么样的发展模式呢？答案是聚焦目标领域，通过优势深挖的方式，打造出引爆市场的垂直电商。

（1）分拆边缘品类，探索垂直化路径

垂直电商在中国商业界里并不是陌生的事物。比如说，垂直家电电商的京东、垂直图书领域的当当网、品牌特卖垂直电商唯品会、化妆品类垂直电商的聚美优品，而美丽说、蘑菇街与明星衣橱则是垂直切分了女性服装领域。虽然图书、家电、酒、化妆品、正品衣服、女性服装在各大平台上应有尽有，但是这些垂直电商的出现却为广大客户提供了一种更加直接、更加专注的消费体验，这些企业由此快速发展起来。

但是，如果我们仔细分析又会发现，这些企业尽管是垂直电商，但是其平台上所经营的大多数品类产品并不是非常聚焦和垂直的。因此，在它们和对手的竞争过程中，常常会采取折价、降价等价格战的竞争方式来吸引客户。相比之下，印度的垂直电商公司Teabox则彻底实现了垂直化。

Teabox公司是一家专门从事茶叶销售的垂直电商公司，它在短短的两年时间里，从一个小规模的创业团队快速发展成为融资总额超过1400万美元的中型互联网企业，这并不是一件容易的事情。而这家企业成功的关键便在于其独特的发展模式。

Teabox 公司的主营业务是为饮茶爱好者提供上门服务，这个业务表面上看来似乎并不赚钱，但其模式却获得了众多投资者的认同。为了将“垂直”两个字做到极致，Teabox 公司在整个交易的过程中绕开了传统茶叶企业发货时所需要关联的诸多销售渠道商，而是直接通过其平台，实现了客户与茶园之间的直接关联。

为了实现企业的垂直模式，Teabox 直接找到了印度与尼泊尔当地200 多家客户口碑较好、环境清新宜人的茶园，并在茶园的周边建起自己的仓库。这样一来，只要茶园里长出了新鲜茶叶，Teabox 公司就可以立刻采购到，并迅速对茶叶进行真空包装和处理，而后将茶叶从仓库直接发给全球在 Teabox 官网平台上订购茶叶的客户。一般来说，茶叶从茶园到客户的手中的周期不超过一个星期，而普通的电商公司则往往要半个月至一个月才能将产品送到客户手中。

除此之外，Teabox 公司还打造出了一种能够让客户获得尖叫感的竞争优势：Teabox 公司能够让那些饮茶爱好者在一个十分精细的平台上尽情享受购买茶叶的乐趣。比如，客户能够自主选择在哪个茶园购买茶叶，选择茶叶的发芽时期和生长时间、茶叶的味道（浓或者淡），甚至可以选择茶叶类型的搭配（比如红茶、绿茶、乌龙茶和印度本地的香茶等）、茶叶重量的规格化组装（从 10 克到 100 千克的包装重量都可以有）。

这些对老客户贴心且垂直到底的客户服务，极大地满足了饮茶爱好者对茶叶的高级需求，这也使得 Teabox 公司迅速成为印度本土电商中最具典型意义的一匹“黑马”。

马云曾经说：“假如我是 90 后重新创业，前面有个阿里巴巴、有个腾讯，我不会跟它挑战，心不能太大。”的确，当创业型企业尚且不具备打造生态型平台的实力时，不妨切分出一个垂直领域，将该领域的产品进一步细分，使之在这个垂直的领域内做到第一的位置。

（2）上下游垂直整合，实现优势叠加

对于缺少资源优势的中小型互联网企业来说，通过垂直细分领域实施单点突破，是更容易取得成功的做法。而对于行业巨头企业来说，在搭建强大平台的基础上进行平台上下游的垂直整合，这种做法更容易创造优势叠加的效果，能够更好地提升其综合竞争力。

以过去的传统企业代表恒大集团为例，该企业在着力延长恒大集团产业链的同时，实现了产业链上下游的整合，增强了该集团的市场竞争优势。

在此之前，恒大集团主要以恒大地产、恒大足球俱乐部、恒大冰泉以及恒大音乐这几个领域的突出表现而闻名遐迩。但是恒大集团并不满足于这些领域的建设佳绩，进一步拉开了多元化发展的巨幕。

2014 年 9 月初，在内蒙古兴安盟大草原上，恒大集团旗下三大战略产业集团——恒大粮油集团、恒大乳业集团和恒大畜牧集团正式揭牌成立。至此，恒大的多元化发展战略已经落定，即打造出全国第一家产业化、规模化的现代农业企业。

恒大发展现代化农业可谓深思熟虑之举。众所周知，恒大集团以地产业闻名全国，2013 年恒大足球俱乐部获得亚冠冠军再一次将这家企业的品牌影响力推向了一个新高度。随后，恒大集团更是高调地推出了恒大冰泉，2016 年恒大集团首次进入世界五百强。而世界五百强企业中的大多数企业都是在企业发展到一定的规模之后才开始走上多元化、内部生态化战略的发展道路。在恒大集团董事长许家印看来，以恒大的发展规模和品牌价值，如果不能加快其多元化战略的步伐，必然会错失很多发展机会。

恒大集团之所以在现代化农业领域下大力气，另一个原因则是因为当前的房地产行业的利润空间正在逐渐被压缩，这促使大部分房地产开发企业开始加速转型之路，通过多元化战略来为企业获取新的利润增长点。而当下，食品行业是最基础、应用最广、抗经济周期最小的行业之一，并且当前国内的粮油业、乳业和畜牧业都处于行业快速增长期，加之恒大品牌的知名度，掌舵人认为完全可以使得恒大农业、乳业、牧业集团迅速推广开来，使恒大集团迅速发展成为农业领域的引领者。

从恒大农业的发展方式来看，它并不像传统农业类企业那样仅仅运作下游产品和品牌，而是从全产业链的角度切入，侧重于从农场到餐桌的全过程，从产品源头上防止和解决客户最为关心的问题——食品安全问题，以此来获得市场的高度认可。

当前，恒大旗下有恒大地产、恒大足球俱乐部、恒大农业和恒大音乐、恒大文化产业及恒大健康产业等，这些产业共同构成了恒大生态圈。如果加入这个生态圈中的产业都能够进行良好的适配，那么恒大集团完全可以建造成为一个领域辽阔的商业王国。

所以，在打造生态圈的过程中，企业必须做好垂直整合，在自己的领域中向下深挖，做到专注、专精，这样才能提升其竞争优势。

2. 找准跨界的交叉点，推进不同领域的边界融合

从概念上来说，跨界是从一个领域跨至另一个领域，这便意味着其间必然存在着一个交叉点。这个交叉点绝不是决策者随意选择的某个方面，而应当是一个既适合企业，同时又能在两个领域之间实现高度匹配的关联点。

（1）依托企业原有核心能力，衍生新的业务领域

在选择交叉点时，企业必须立足于某个行业，通过整合跨界资源来推动产品或模式的创新。也就是说，企业在实施跨界前，其自身必须具备支撑跨界动作的核心能力。

一家日本经营百年的传统磨刀石企业选择的跨界领域是：为佳能相机加工镜头。该企业之所以选择这个交叉点，是因为镜头与菜刀存在一个共同属性，即它们都需要“磨”。而对于“加工镜头”这样的精细业务，这家磨刀石企业是敢做且能做的——它具备“精磨”的核心能力。

（2）明确客户的新需求，与原业务领域建立交叉点

这种方法是通过确认客户新需求来筛选跨界交叉点，非常便于企业在较短的时间内实现精准定位。

美斯特·邦威（服装品牌）和英雄互娱（游戏公司）曾进行过跨界合作。美斯特·邦威为英雄互娱的游戏《全民枪战》《冒险与挖矿》《像三国》等定制及销售服饰，而英雄互娱则给美斯特·邦威提供游戏植入进行品牌推广等。实际上，二者的跨界合作是基于双方存在的利益交叉点来确定的：双方的客户属性具有高度重合点。具体表现在英雄互娱开发的游戏拥有极广的忠实玩家，对正版游戏的周边需求极高，且这些玩家偏向年轻人，这与美斯特·邦威的消费人群是较为重合的。

在商业实践中，一些行业可能看起来消费势头日渐衰微，但如果能够依托其原核心能力，摸准客户的潜在需求，设定新的行业交叉点、实施跨界操作，那么很可能创造出新的业绩增长机会。

3. 在交叉关系中开辟新业态，开拓企业的发展格局

从本质上讲，所有的跨界行为都是为了开辟一种新业态。而从这种交叉关系下衍生出的新业态，会让企业从一个熟悉的领域转向一个相对陌生但更有前景的领域，其发展格局被进一步拓展开来。

无印良品（MUJI）是一个日本的日用杂货品牌。近年来，无印良品

实施跨界，涉足酒店行业，且很多客人给出了极高的入住体验评价。这对无印良品的品牌形成了又一次极好的推广。

为什么无印良品可以跨界到酒店？有数据信息称，无印良品的总产品数已经超过 7000 种，而如此繁多的产品种类是很难在一个店面里完整展示的。于是，无印良品另辟蹊径利用酒店这样的实景空间，将酒店所有可能的应用场景都以无印良品自身的产品进行了设计和填充，如酒店房间里使用的被子寝具、浴室卫生用品、热水壶等小家电，以及灯具、家具、窗帘、收纳用品等。通过这样的体验式展示，客人可以更好地理解无印产品的功能特性和使用场景。

由此来看，无印良品的跨界动机非常明确，就是要将客户的入住行为转化为对无印良品产品的场景体验，甚至直接引发消费。当然，无印良品并非仅凭一己之力便开始了酒店跨界之举，而是选择与地产开发商进行跨界合作。在具体操作中，无印良品会提供品牌商标、酒店内部设计和相关产品，而地产开发商则负责实际运营和管理。

在当今互联网大潮的催生下，各种新的业务形态不断涌现。企业管理者们要学会把握自己的核心能力，在此基础上以更多巧思进行更有价值的延伸，找到合适的行业交叉点，进而为企业创造新业态，寻求更多发展机会和成长空间。

第七章 强化品牌预期表达效果，优质呈现品牌形象

品牌形象直接体现在名称、包装、图案广告设计等方面，影响着客户对品牌产品的基本评价与认知。当客户发现某一品牌形象恰好契合自己的心理需求与消费档次定位时，他便会对这个品牌产生好的印象，并作出消费选择。因此，企业需要综合考虑多种设计元素，借助那些传达品牌记忆点的符号，在视觉、听觉、嗅觉、触觉等维度构建品牌特征，形成具备延续性、风格统一的品牌形象方案。

第一节 借助强大的品牌标志，让客户轻松记住新品牌

在设计品牌形象时，企业应该从品牌感知对象的感观体验出发，比如，“色（视觉品牌符号）”“声（听觉品牌符号）”为主体，“香（嗅觉品牌符号）”“触（触觉品牌符号）”为参考选项，围绕“法（塑造品牌符号）”之目的，去寻找最佳的品牌传播呈现体系，通过各种触点传达差异性、独特的气质，从而得以锁定目标群体，并使其对品牌认知更加深刻化、立体化，在其心智中形成持续的影响。

视觉表达形式是品牌形象的直接表达形式之一，而视觉表达的直接形式是品牌标志。从本质上来说，品牌标志是品牌中那些可以清晰识别但又不能用语言直接表达出来的品牌图形记号。品牌标志自身能够创造客户对品牌的认知，形成客户的品牌联想以及品牌偏好，甚至影响到品牌所体现的质量与客户对该品牌的忠诚度。一个好的品牌标志会给客户留下非常深刻的印象，如海尔小神童、米老鼠等。

1. 以突出的品牌标志，打造明确的品牌亮点

品牌标志是企业应用最广、出现频率最高的要素之一，是品牌视觉

识别的第一形象要素。它不仅是所有视觉设计关联要素中的主导力量，也是整合所有品牌视觉要素时的中心所在，更是客户心目中的企业与品牌的象征。

品牌标志属于一种特别的“视觉语言”，它是通过图案、颜色等明显的载体，向客户传递某些关于品牌的信息，以达到识别品牌、提高产品销量的目的。因此，在品牌标志的设计过程中，除了最基本的平面设计和创意要求之外，企业还必须考虑营销因素和客户的认知因素与情感因素，这些方面构成了品牌标志设计的五大基本原则，如表 7–1 所示。

表7–1 品牌标志设计的五大基本原则

创意原则	设计原则	认知原则	情感原则	营销原则
立意醒目直观	色彩搭配协调	通俗易懂	现代气息	体现产品特征和品质
构思新颖独特	线条搭配协调	吸引公众注意	容易接受	准确传递产品信息
视觉冲击力强	布局设计合理	印象深刻	感染力强	体现品牌价值和理念
具备法律上的显著特性	对比效果鲜明	易于记忆	美的享受	体现企业实力
适合各种媒体	整体平衡对称	符合文化背景与接受心理	丰富联想	—
趋向国际化	隐语象征恰当	与时代要求一致	令人喜爱	—

在企业设计品牌标志时，应在坚持上述原则的基础上，选择特定的表现元素，结合创意手法和设计风格而成。品牌标志可以通过文字名称转化或图案的象征寓意来设计。

（1）文字名称的转化

这种方法可以直接运用一些文字符号或单纯的图形，将其作为标志的构成元素。这里所采用的字体符号可以是品牌的实际名称，也可以是该品牌名称的缩写字母或代号。其优点是识别力强，便于口头传播，容易为客户或消费者所接受和理解。这方面成功的设计如李宁体育用品上的“L”标志、麦当劳产品上的“M”标志、红旗轿车上的“红旗”标志等。

（2）图案象征与寓意

在以图形或图案作为标志设计的基本元素时，通常采用象征性寓意的基本手法，然后进行高度艺术化的概括与提炼，最终形成极具象征性的形象。鲜明的图形标志容易被人们认识和记忆，可以跨越本国语言文字不能被其他国家客户理解的障碍。一些作为象征物的普通载体，如太阳、眼睛、星星等形态在品牌标志设计中被广泛运用。例如，苹果电脑公司采用的是水晶苹果标识图案。

当然，也有一些脱离名称的独特标志。一些品牌标志与品牌名称没有联系，但是设计构思却非常独特，极易被客户所记忆，从而留下深刻的视觉印象。比如奥迪汽车的四环标志，人们看过之后通常很难忘记。

2. 突出情感设计，向客户传递品牌文化情感

产品中情感化的细节经常会成为产品与客户之间情感传递的桥梁。这种传递情感的细节，不仅可以增加客户对产品的好感度，更可以让产品形象深入人心，更利于提高产品与企业口碑的传播效果。

以设计手机界面图标为例。一个好的APP图标，其体现出来的不仅是在视觉方面的美感，还能够激发人们更加深入地了解其情感内容。人们在个体的基本需求得到充分满足的情况下，往往会更加关心情感上的需求，希望获得精神上的慰藉。因此，企业对APP图标进行情感化设计，这也体现出企业以客户为本的文化理念，可以触动客户的情感敏感点，增加客户的使用黏性。

在具体设计APP图标时，企业应该从客户情感体验的角度出发，要考虑客户在视觉感官上的舒适性、实际使用时的易用性以及客户在使用时的情绪心理。具体来说，“情感化设计”理念在APP图标设计中主要表现为以下两个特征。

（1）认同感

情感化设计在于挖掘出客户的内在情感需求，据之设计出激发客户情感欲望的产品标志。客户的认同感和归属感是尤为重要的，而要获得这种认同感和归属感，需要客户对其产生共鸣。

（2）易用性

一个好的设计最基本的前提就是易用性。设计标志时，要在融入情感化设计理念的基础上，将图形、文字信息转换成直观的图形符号。

目前，人们在市面上可以看到很多APP图标，但是图标的设计质感却不尽如人意。一些APP图标的比例不甚协调，设计风格不统一，各种各样的问题比比皆是。之所以造成这种情况，一方面是因为APP的设计师不认真，或者其设计能力尚有不足所导致的；另一方面是如今越来越多的素材被人们共享到网络上，部分设计师会通过素材网站，轻松地获取、下载，不假思考与创新地应用到图标设计中，缺少感情融入。这也是很多 APP 图标趋同化、缺少个体特色和记忆点的主要原因。

总体而言，企业在进行标志设计时可以不受界面风格的限制，但要注意增强和用户沟通交流的可能性，通过情感化创意的思想，让图标表现得更加有趣、更加生动，从而增强客户关注的意愿。

3. 应用品牌标志设计原则，呈现品牌风格特征

每个人的视觉感知能力都能让其轻易地理解一些图像所包含的意义，因此，成熟的视觉感知是更有效地传递品牌信息的途径。进行标志设计时应注意三个方面：可识别性、视觉统一性、差异性。

（1）标志设计的可识别性

大、黑、简是一种常见的视觉设计原则。一般来说，在视觉设计中最受欢迎的颜色是黑色，其次是白色。而这个规律总结被沿用到图标设计中后，黑白图标成了界面中被使用最为广泛的设计颜色。

为了提升界面信息的易于理解性，很多设计师还会用黑白两色为主色去设计图标。这主要出于两个原因：一是鲜明的颜色会影响客户的理解能力；二是如果界面中有过度的颜色类型，还会在客户寻找图标的过程中耗用过多的时间。因此，颜色是品牌标志的可识别性中需要特别注意的一个方面。

为了提高品牌标志的可识别性，设计师们在设计标志时还应考虑尊重客户的日常习惯，让客户能够理解其内涵，避免出现理解上的偏差。当然，设计师在设计品牌标志时，也需要加入一点点自己的创意，这样会增加品牌产品的趣味性。

（2）标志设计的视觉统一性

不同类型的品牌标志具有不同的特征。稍微出现一点变化，都会破坏整套品牌标志的视觉统一性。这些特征表现在复杂度、形状、线条粗细等多个方面，这可能给客户造成不同的视觉感受。因此，设计师在进行品牌标志的设计时，要多考虑整体风格的统一，同时增加标志本身的美观性。此外，在图标大小方面也要注意保持视觉上的统一。

（3）标志设计的差异性

有时候，人们为了保持标志设计在视觉风格上的统一性，而使用同一元素，舍弃了各品牌标志之间的差异性。假如一套品牌标志表面上都差不多，那么客户们会去探索品牌标志的功能作用，确认跳转的页面是否是自己想去的界面，然后再返回主页面。这会导致客户在界面中寻找某个功能时所要花费的时间会相对较长。

所以，标志设计完成后要检测该品牌标志与其他标志之间的差异性和可识别性。有人可能会误解统一性和差异性的概念，统一是图标样式及风格统一，而差异是图标与图标之间的含义要明确。在设计一套品牌标志时，要尽量放大标志之间的差异性，减弱标志之间的相似性。

第二节　突出品牌包装质感，对应品牌定位，促进消费

根据杜邦定律，63% 的消费者是根据商品的包装来选购商品的。很多人在选购产品时，恰恰被其独特的包装所吸引，而包装不仅仅是一个图案设计。它是把产品的概念、产品的销售主张转化为一个具体的视觉形象，同时将品牌包装形象设计成一个具有商业价值和艺术价值的感性形象，从而促使品牌的思想得以有效呈现，并实现准确传递企业品牌内涵的目的。

1. 借助恰当的产品包装形式，提升品牌形象

产品包装是产品输出时的一种视觉表达形式，是品牌形象的重要组成部分，对品牌形象塑造起着非常重要的作用。概括地说，产品包装的影响主要体现在以下方面。

（1）包装是一种销售力

产品的包装首先要表现出杰出的销售力，承担着吸引客户眼球的重要功能。

《韩非子・外储说左上》记载着一则名为“买椟还珠”的故事，故事

的大致内容是：一个郑国人从楚国商人手中购买了一颗珍珠，珍珠被放在一个装饰精致的盒子里。没想到，郑国人付钱后，竟然只留下了盒子，而将珍珠还给了楚国商人。

从某种意义上来讲，恰恰是这种精美的包装模式成功地引起了客户（郑国人）的注意力，并使后者产生了购买的欲望。试想，如果这颗珍珠被包在样子平平的盒子里，那么这颗漂亮的珍珠可能很难有人问津。

在市场资源极大丰富的时代，客户对每款产品的关注时间并不会太长。所以企业必须强化品牌包装水平，让客户的视线从货架一扫而过的那一瞬间能够被快速吸引。一般而言，品牌包装必须综合使用不同的颜色、外观造型、包装材料等诸多元素，一起表现出品牌的内涵和产品的相关信息，尤其要突出产品与客户之间的利益共同点，这样才能给客户带来较为直接的冲击感，有效地吸引客户，才能让客户对产品和企业留下深刻印象。

（2）包装是一种识别力

一个产品的包装设计不能仅追求美观，更要让产品“自己会说话”，能够把产品的功能与特点等方面都恰如其分地表现出来。事实上，产品包装在客户面前的呈现效果直接影响着这款产品的市场表现情况的优劣。

识别力较强的产品，客户通过包装即可清楚地了解到商品的品质、花色、款式、质地等基本特征。举例来说，一些食品包装设计采取“纸结构加以透明的塑料材质”的包装，这便可以使客户一目了然、清楚直观地看到包装内的商品情况。

此外，包装的形状、尺寸等都应与产品的真实情况相契合，不至于给客户造成误解。此外，还应在包装上注明产品成分、使用方法、分量、生产日期及有效期限等相关信息。

（3）包装是一种品牌力

21 世纪是一个品牌消费的时代，而且是一个个性化消费的时代。客户购买某个品牌的商品时，不仅仅是为了满足物质方面的需求，还应关注该品牌商品能给自己带来的个性满足感和精神愉悦感，这些都需要通过商品包装表现出来。

包装作为品牌的一种外在表现，直观地呈现了企业希望自己的品牌给客户带来的具体感觉。事实上，不同产品包装之间所形成的差异感以及由此而表现出的“品牌特征”，可以说使其成为吸引消费者的主导因素。包装所承载的物质利益与精神利益就是客户购买的商品，而包装要充分表现出品牌的内涵。假如包装上未突出品牌的内涵，或者客户在看到包装时没有产生对应的联想，那么该品牌就会成为无本之木、无源之水。

（4）包装是一种文化力

品牌包装的核心并不仅仅体现在商品的外观形象上，更重要的是要显示出品牌个性与品牌亲和力之间的高度融合，将其承载的品牌文化充分而有效地展现出来。例如，在矿泉水的营销过程中，由于客户对于不同品牌的矿泉水的口感难以区分，所以，各个生产企业纷纷采用包装来更迅速地吸引客户的视线。像部分品牌的饮用水，其包装设计非常新潮，充满个性的瓶形设计非常符合现代青少年的典型特征——炫酷、时尚、张扬、喜欢表现自我等，使得这些“新新人类”获得了一个既实用又可“炫”的新方式，由此得到了目标客户群体的喜爱与青睐。

（5）包装是一种亲和力

产品包装是以客户为中心，满足不同客户的现实需求，同时给客户带来高度的亲和力。如每逢过春节的时候，很多品牌会为了讨客户的喜欢而大力推出新年装，选择鲜亮饱和的红色或黄色来设计包装，以此来渲染春节的喜庆气氛。可口可乐就是一个典型案例，它自 2001 年春节推出阿福贺岁包装产品和广告，获得了很多消费者的喜爱。

从以上可以看出，恰如其分的品牌包装设计对品牌形象塑造发挥着重要的作用，而且形成了极好的品牌营销效果。

2. 遵循包装设计要求，提升客户的品牌接受度

客户对品牌的接受，通常是从具体的产品开始，然后逐渐发展至该品牌的系列产品。因此，企业应从品牌定位出发，集合技术性和艺术性，让品牌产品的包装设计做到美观、实用、经济。

（1）准确传递商品信息

世界各国一般都对产品包装上应标识的内容有明确的规定。诸如生产日期、重量、保质期等信息，企业都应在包装上如实注明，不可缺少。此外，包装上的文字、图案、色彩等方面，也都应与品牌商品的特色和风格保持一致。在品牌包装上，切忌随意夸大商品的基本性能、质量，要确保包装图案上说明的商品信息与包装内部的实物是一致的。

（2）包装设计应与商品价格相适应

包装物的价值应与商品的价值是互相配套的。比如，对于高级珠宝商品，应配以高档包装，以此来烘托商品的名贵感。但是，如果包装物的价值超过了商品本身的价值，则会引起客户的反感，使客户认为品牌产品言过其实，甚至直接影响销售。

（3）包装设计要充分展示商品

要想在包装上充分展示商品的优点，可以采取两种方式。第一种方式是用形象逼真的彩色照片来真实地呈现商品样貌，这在食品包装中是最常使用的方式。第二种方式是直接展示商品的实体，即采用全透明包装或开天窗的包装形式，这种形式在食品、纺织品、轻工产品中的应用较为广泛。

（4）包装设计要分析目标市场的需求

进入目标市场后的产品，必须综合考虑商品进入各个国家和地区时的储运条件、销售时长、销售条件、当地气候状况，消费者的群体或个体偏好、风俗习惯、审美观、收入水平以及各地的法律规定等因素，然后再来设计包装。比如，在非洲和拉丁美洲等国家，因为当地的交通路况不太好，商品包装便不宜采用玻璃材质；在一些发展中国家，部分消费品在分销渠道中可能滞留的时间长达 6 个多月，而在美国可能只需两三个月，这也对商品包装的质量提出了不同的要求。

（5）包装设计要突出商品的形象色

不仅透明包装或者彩色照片可以表现商品本身的固有色，在设计包装时还可以使用能够体现大类商品形象的色调，从而使客户产生习惯性的认知信号，然后通过包装上的色彩来推测包装内的物品是什么。例如，一些品牌食品包装会选择统一的企业形象色——橙色，作为品牌包装的色彩设计，由此通过色彩的手段来突出和强化了其品牌力量。

第三节　从多维体验出发，实现品牌符号形象的立体化

品牌符号形象并非单一的、平面的、只关注视觉的，它还应该是立体化的，能够让客户形成多维度的体验，能够更深刻地记住该品牌的突出特征。

1. 讲述品牌文化，传递易记忆的听觉品牌符号

当人们听到一段故事的时候，往往会在脑海中形成一个内容丰富的画面，而且，每个人想象出的内容和细节都是截然不同的。“一千个人眼中有一千个哈姆雷特。”这句话正是说明：当某个人或事物通过语言表述出来的时候，人们会自然而然地把这个人或事物所关联的所有记忆进行处理，而后设计出一个让自己获得某种特别体验的场景。

著名的神经生物学家斯佩里在分裂大脑研究中发现：左右脑在工作内容上有区分与合作的机制。其中，左脑以分析处理为优势，右脑则以

整体处理为优势；左脑负责的区域更加偏理性思维，而右脑则偏感性思维。

也就是说，右脑负责视觉再认，是一种调动记忆、识别事物的能力。而品牌符号作为品牌识别标的物的直接载体，可以很好地调动右脑的机能。如果这个符号能够有效地调动客户的左脑的机能，那么便可以形成双倍的传播效果。

左脑主要负责言语信息的处理，而品牌标语可以被作为一种弥补视觉表达局限性的辅助工具。通常，一个优秀的品牌标语可以迅速给被传播的受众留下深刻的记忆，与品牌符号共同打造出一套更加立体化的符号传播体系。

因此，品牌声音与品牌标语可以成为品牌传播中能够快速传达品牌、产品与服务理念的不可或缺的符号性工具。企业可以考虑如何生动地讲述品牌文化，并以一句具有鲜明特色的标语，在客户的心智中植入品牌信息，形成记忆点，打造鲜明的品牌印象。

2. 设计嗅觉与触觉体验感，设计品牌的辅助识别载体

除了视觉与听觉体验之外，企业做品牌设计时还可以多角度地设计独特的品牌体验，比如设计嗅觉与触觉的体验，使客户能够通过这种体验而迅速地识别出其品牌。

（1）在品牌体验中加入一种独特的香味识别

如果人们在北美的威斯汀酒店大堂做一个深呼吸，往往会被一种香味打动，并由此留下一种深刻的印象。而若仔细地对这种香味进行辨别会发现，那种香味中似乎有微微的天竺葵味道。该酒店通过独有的香水气味形成一种独特的识别香味，使得客户在其他城市再次踏入这个连锁酒店时能闻到熟悉的味道。

后来，该酒店又推出了这种香味的香薰盒和香薰蜡烛，方便客人将这种香味带回家。该酒店首次推出香薰盒和香薰蜡烛时，便有上千名客户预订。如今，香薰系列产品已经成为威斯汀酒店的一种独特的产品与体验。

这种方式如今已经成为许多星级酒店普遍选择的一种方式。因为经过实践验证，当客户再次闻到同样气味时，他们会产生一种熟悉、心安的感觉，使其记忆深刻。通过这种独特香味的传播，客户对品牌的忠诚度便在无形中逐渐形成了。

制造香味体验，这种品牌传播手段由来已久。自20世纪90年代，新加坡航空公司便已经开始使用一种被称为“史蒂芬·佛罗里达水”的香水。这款香水将玫瑰、薰衣草和柑橘香味融为一体，使乘客在乘坐飞机的过程中体验到一种独特的芳香，很多乘客形容它是“一种使人安定而舒适并且有亚洲女性风情的芬芳”。目前，这款独特的香味已经被新加坡航空公司予以注册保护，成为其品牌识别体验中的重要组成部分。新加坡航空公司屡次被评选为“全球最佳航空公司”之一，并获得了“航空界创新服务领导者”的美誉，其独特的香味体验设计是他们品牌设计的一个方面。

嗅觉感知与大脑相关联的部分是与人的情绪息息相关的，它能够创造一种更加直接而强大的影响效果。如果能够为品牌增加一种独特的香味体验，那么这很可能成为一种强有力的品牌辅助识别符号。

（2）刺激触觉感官，激活触觉的想象力

要想刺激客户的感观体验，企业还可以运用一些手法，激活人们对触觉体验的想象力。

一般来说，影响巧克力口感的因素主要是可可粉的颗粒大小——颗粒越小，巧克力的口感越细腻。德芙的可可粉颗粒大小只有14微米（人的头发丝是70微米左右）。为了在品牌传播中强调其细腻丝滑的口感，德芙公司创立了一系列品牌识别符号。比如，在品牌包装中纳入了“巧克力色丝绸”的品牌辅助图形，而其广告语“德芙纵享丝滑”则贯穿了整条广告。在超市的德芙货架附近还会放置巧克力色的丝绸，如果消费者忍不住去抚摸，便会立刻感受到丝滑的触觉体验。可以说，德芙公司以“丝绸”为载体，充分激活了人们的触觉体验感。

除了上述感观体验外，企业还可以借助品牌传播的触点媒介情况，尽可能多地调动其他感官体验，那么品牌识别符号会被打造得更加丰满而独特，从而潜移默化地影响到客户对品牌的印象，刺激客户对品牌体验的记忆。

3. 打造优秀的品牌符号，在尊重客户体验的基础上进行优化

每一天，人们都会被很多商业传播信息冲击。据统计，人们每年通过电视、手机等各种媒介接触到的品牌广告高达数万条。因此，要想让品牌广告能够脱颖而出，在客户头脑中形成深刻的印象，就需要在品牌传播中去尽可能地调动客户更多的感官体验，使各种体验形成联动效果，让品牌具备更加生动的传播形式，从而使客户群体形成形象而深刻的记忆。

（1）打造强有力的超级品牌符号

一切品牌设计工作的核心目的，就是以打造品牌符号为中心，让品牌传播的认知积累最终都归结在这个品牌符号上。在商业实践中，企业产品与服务需要进行迭代升级，而品牌符号却能够承载品牌的核心文化，并成为客户群体记忆深处的价值观象征，成为他们的头脑中最为持久的识别符号。因此，优秀的品牌符号是一种承载和传递品牌文化与信息的媒介，也是在客户群体中传播、加强品牌认知的一种最为快速有效的手段。而一个强有力的品牌符号，使品牌形象获得聚焦并植入人心，更可以让品牌被快速识别，并占据客户的心智。

包豪斯时期的平面设计代表人物赫伯特·拜耳将符号视为一种形式上的语言，他认为品牌传播创造了一种全新的穿透人心的视觉工具。因此，在设计品牌形象的时候，应牢记最终的目的：塑造强有力的超级品牌符号，打造独特的品牌差异化定位，成为客户心中某种相关联需求的独占品牌。

（2）尊重客户的感观记忆

在品牌体验设计过程中，客户对部分品类的产品已经形成了固化的感观记忆。在设计品牌体验细节时，要注意这些细节对人的感官知觉可能产生的影响。

劳斯莱斯的银云系列是汽车中的经典系列。然而，在最初发售这一系列汽车时，公司却非常意外地接到了很多老客户的抱怨，他们一致认为这款新车不如上一代汽车好。经过一番细致的调查后才发现，在新款汽车中，根据安全标志和生产技术的迭代要求更换了一种已经过时的原材料。但是，恰恰是这一原材料味道的消失，使得客户对新款汽车产生了负面评价。也就是说，之前劳斯莱斯汽车中的独特味道被客户作为其品牌识别符号中的一部分。因此，劳斯莱斯特意成立了研究小组，专门对以往汽车里的“香味”进行细致的分析，然后设计出一种全新的香味配方。如今，每一辆劳斯莱斯汽车在出厂前都会被加入这一经典的香味配方。这种做法也影响了不少其他汽车制造企业，他们也开始为自己的汽车加入了独特的香味识别符号。

因此，企业在品牌调整与产品迭代过程中，要保持尊重客户的感观体验，注意延续传统的品牌符号记忆。

第四节　综合考虑品牌发展状态，持续优化品牌形象表现

品牌与各种生命体一样也会经历一个出生、成长、成熟和衰退的过程。在不同的品牌发展阶段，企业应针对品牌发展方向与需求特征，有针对性地设计品牌形象方案，在必要的时候向市场传递新品牌形象。

1. 结合品牌生命周期特征，把握品牌形象设计的重点

最理想的品牌形象设计是面向品牌生命周期，对企业的品牌形象方案进行系统化的设计。

品牌生命周期是指品牌的市场生命周期，它包括孕育期、幼稚期、成长期、成熟期、衰退期等五个阶段。其中，品牌的孕育期是指品牌从最初跟随产品或企业进入市场到该品牌被目标市场客户群体感知到的阶段；品牌的幼稚期是指品牌已被目标市场客户普遍认识、熟悉但尚未被被绝大多数目标市场客户认同的阶段；品牌的成长期是指一定数量的目标市场客户在使用了这一已熟悉的品牌所代表的产品后表示非常满意，或通过其他途径了解到这一品牌后对该品牌产生了信任与认同感，而这种感觉又通过一定的传播和扩散方式而最终成为一种具有普遍性的社会

共识；品牌的成熟期是指对具有一定知名度的品牌进行维护，并根据企业内外部环境的变化而不断优化其品牌形象，提高目标市场客户对品牌的认同和信任程度的阶段；品牌的衰退期是指品牌因销量式微而从市场退出的阶段。

（1）品牌孕育期的形象设计

品牌孕育期是指品牌刚刚出现在客户面前的那个阶段。在这一时期，企业要有序开展市场调查，使得产品形成一定的优势，而后将其推向市场，以此顺利建立起企业品牌。由于新产品的推出往往带有一定的风险，所以许多企业为了尽量控制风险指数，对产品展开了周密的市场营销研究工作。

奔驰公司为了设计出高质量、低成本、美观度高的新车型，从世界各地招揽各类人才，甚至邀请了流体动力专家、美学家、心理学家等。新车型从最初着手研究、先期质量规划到形成汽车模型与样品，其过程中的每一个环节都经过了细致的安排，每一个零部件都用最科学的仪器进行了检测。这一轮运作之后，其开发出的新款车型实现了“比老式车体积更小、更安全、更舒适”的目标。新车型刚一上市，客户订单便大量涌来。毫无疑问，奔驰公司对产品革新所投入的巨大人力、物力，使之自然而然地获得来自市场的丰厚回报。因此，奔驰汽车的市场占有率才会不断提高，其竞争能力也越来越强大。

当然，市场的变化是异常迅速的，它不允许企业花费太长的时间，进行过于深入的产品研究。因此，只要具备了基本的条件，就可以把产品推向市场，然后根据客户的反馈信息再对之进行改造，这样一步步地使产品趋于定型，品牌也就由此建立起来了。

（2）品牌幼稚期的形象设计

在品牌幼稚期阶段，企业应基于品牌形象设计的角度使客户更容易识别，并能够提高品牌的知名度。这个时候，企业产品的质量必须有充分的保证，售后服务要尽可能完善周到，广告、促销等各种品牌包装手段也应灵活组合运用。在此阶段，企业可以通过向客户介绍产品的主要特性、质量和用途，鼓励客户主动试用产品，进行产品展销与使用示范等，来帮助客户切实了解该品牌的产品实际情况与突出优势。

（3）品牌成长期的形象设计

在品牌成长期阶段，品牌的特征已经基本明确了，品牌的影响力也在逐渐加强，客户已经对品牌形成了一定的认知。同时，同类品牌不断涌现，竞争对手数量日益增多，新品牌意图取得更大的市场份额的难度也会逐渐加大。这一发展趋势加快了品牌的成长速度，为品牌走向成熟提供了更充分的条件。

在这一阶段，企业品牌最先遇到的障碍主要是市场渗透度和客户重复购买的问题。如果企业在这两个方面都已经表现得足够优秀，那么企业品牌就会继续成长。此时，产品的需求量在逐渐增大，客户已对产品有了一定的认识。因而，在品牌宣传时应着重突出品牌产品的独特优势，使客户在诸多同类产品中更愿意选择该品牌的产品。而且，进行广告宣传时，要以突出品牌的形象为主，而不是过于突出产品的形象与特征——因为产品是可以变化的，但是品牌则是相对稳定的。

（4）品牌成熟期的形象设计

在品牌的成熟期阶段，品牌的市场地位已经完全确立，在市场上具有较高的知名度，客户需求表现也趋于稳定，客户忠诚度相对较高——客户一旦认可某个品牌，往往很少改变品牌选择。不过，对于其他新的行业进入者来说，此时进入这个行业的壁垒相对较高，也很难再形成自己的品牌知名度。所以，在此阶段，现有的老品牌企业的品牌建设目标便是使自己的品牌影响力能够维持住现有的地位。

一般而言，品牌的稳定性与客户忠诚度有着密切关系。客户通常因品牌产品和服务的稳定性因素而形成品牌忠诚度。故而，处于品牌成熟期的企业应注意及时开发新的产品系列，持续提高该品牌的市场占有率，尽可能扩大品牌与客户之间的接触点。不过，企业也要注意新产品系列与原产品系列之间的关联性；如果新产品与老产品之间缺乏关联性，反而会分散客户的注意力，从而影响品牌建设的整体性效果。

对于企业品牌而言，成熟期是一个非常特殊的阶段。在这个阶段，企业不再需要对产品进行太多的宣传，而要尽可能地宣传企业的整体形象，维持已有客户群体对品牌的信任感。

（5）品牌衰退期的形象设计

如果一个品牌在客户眼中逐渐失宠，那么它便已经进入衰退期了。在品牌衰退期，客户对产品的需求逐渐下降，产品销量逐渐下滑甚至出现销售停滞的现象；企业品牌产品的影响力逐步降低，客户开始关注其他新产品；企业获得的利润额亦越来越小，甚至出现亏损现象；一部分品牌竞品的处境艰难，开始逐步退出市场。

在品牌衰退期，企业仅仅通过加大广告力度去推广品牌，已经无法取得太大的效果。此时，企业应该停止一切与该品牌有关的运作，集中企业的现有资源，重新规划一个与以往截然不同的品牌形象，再次吸引客户的注意力。

虽然人们最初设计品牌形象时都希望方案能够长期贯彻，但是当市场与需求发生变化、品牌发展遭遇难题时，品牌重构则成为一种必然的求生选择。比如：设计与母品牌有所差异的子品牌；结束过去的品牌，设计截然不同的新品牌形象。这些都是企业考虑品牌重构设计优质形象的方向。

2. 明确改变品牌形象的原因，确认品牌形象更新的必要性

品牌形象从来不是一成不变或一劳永逸的。品牌形象总是随着市场、客户、竞争对手的变化而在不断地调整，因此，企业塑造品牌形象的过程是一个随着社会环境和经营环境的变化而动态调整的过程。企业在塑造品牌形象之后，要在必要的时候做出恰当的品牌形象更新的举措，从而保持或提升品牌形象在客户心中的地位。总体来说，品牌形象更新主要出于以下原因。

（1）品牌形象老化时要更新品牌形象

品牌形象逐渐老化，这是品牌发展的自然规律特征，其主要受到内部因素和外部因素影响。其中，内部因素主要是指品牌管理不善，比如品牌推广不及时、产品缺乏创意、产品质量稳定性不佳等；外部因素主要是指随着新科技与信息技术的快速发展，客户的消费观念与生活型态也在不断变化，过去的产品已不能满足客户已经发生改变的需求。故而，企业必须在必要时做出恰当的品牌形象更新，解决品牌形象老化的问题。

很多国产日用品都存在这个问题，它们在二三十年前曾以物美价廉的优势深受民众喜爱；但是长期使用过去的包装，无法契合当下的消费诉求，其自然难以获得较高的市场占有率。

与之相对，一些老字号重新规划了企业战略，并推出了新的品牌形象。比如，2002年，玉堂酿造总厂改制，更名为玉堂酱园有限公司，并搬迁至新工业园。随后，该公司推出了新的品牌形象，这家老字号企业让人们眼前一亮。

（2）品牌形象单一时要丰富品牌形象

很多企业凭借一个爆款产品成功后，便以之为品牌，长期用这个品牌和产品在市场上参与竞争；而且，部分企业的宣传手段也非常单一，简单粗暴地采用降价、赠送等手法。

然而，在如今这个日趋激烈的竞争环境中，推陈出新、立意创新是格外重要的一点。企业应不断地丰富企业的品牌形象，如不断开发新产品、定期更新包装等方式，打造更吸引客户注意力的品牌形象，提高品牌竞争力。

可口可乐公司的品牌运作模式是非常典型的。百年来，可口可乐公司只提供可口可乐一种产品，但是，该公司不断追求产品成分的多样化，为市场消费群体提供了多样化的选择。我们在市场上可以看到很多“可口可乐”系列产品（比如可口可乐、不含咖啡因可乐、不含糖的可乐、健怡可口可乐等），还有一些非可乐系列产品（如雪碧、芬达汽水等）。可口可乐持续推出新产品，极大地丰富了可口可乐品牌的产品序列和品牌形象，持续地为可口可乐家族注入新鲜血液。

（3）品牌形象出现错误时要更新品牌形象

由于中国企业接触品牌管理的时间相对较短，品牌管理理论和实践基础相对薄弱，故而在品牌形象塑造方面的能力和经验尚有不足，市场上产品与品牌形象不相符的现象是极为常见的。比如，本应是面向青少年的产品却找了中年明星做广告代言人；在产品最初的品牌设计中，可能因考虑不周而未能兼顾设计、品名等相关影响因素，最终使其不利于品牌传播效果的实现。唯有企业更新了原有的品牌形象，才能推进企业与品牌获得进一步的发展。

（4）遭遇竞争对手的威胁时要更新品牌形象

与产品或服务相比较，品牌形象是难以模仿的。但是随着时间的推移，很多市场追随者或新进入者往往通过模仿的方式——模仿那些市场占有率高、美誉度高的品牌形象，以此混淆客户的视线。在这种情况下，这部分模仿的品牌形象便会损害到企业的现有市场份额。因此，企业要定期更新自己的品牌形象，使自己与竞争对手之间保持一定的距离，防止自己的品牌形象被竞争对手利用，从而有效地保护自己的品牌形象和市场占有率。

当企业发现品牌存在上述问题后，即可着手打造新的品牌形象。而后，再按照前文介绍的品牌形象设计方法设计出新的品牌形象。当然，也要注意把握新形象导入市场的具体时间点，在一定周期内进行持续的资源投放与品牌宣传，必要时加大投放和宣传力度。

第八章
主动运营品牌，规避风险与危机，积淀品牌底蕴

在当今时代，真正能够获得消费者认可的品牌，必然是一个有着深厚底蕴的品牌。为此，企业必须做好两方面工作：一是采取主动的品牌运营举措并打造正向口碑，由此获取稳定增长的消费存量；二是规避品牌风险与危机，维持消费者的长期认可，积淀品牌底蕴，使企业成为存量时代的营销王者。

第一节　从流量时代到存量时代，口碑信息直接影响品牌创收

在不同时代，品牌建设要因应所处的时代特征。在流量时代，互联网是在流量的基础上建构起来的商业模式，企业营销人员只要自上而下地搞定一个群覆盖媒体，就可以快速吸引客户关注，在极短的时间内形成高访问量，因而，大多数企业将流量之争作为行业发展的重点。

而在如今这个存量时代，消费者在消费时越来越理性，越来越重视消费群体对品牌的正向评价。故而，各品牌的发展越来越依靠口碑传播和口碑营销。聪明的企业要学会把握住这个口碑营销的红利期，以更少的成本获得更大的品牌建设效果。

1. 在流量引入之始，吸住客户的关注力是关键所在

前些年，几乎所有互联网企业都在谈流量，绞尽脑汁去引流，甚至不惜组织大量人员在大街小巷抓用户，以发奖品返现金等形式邀约用户扫码。这种引流模式让企业烧了不少钱，然而客户流进又流出，最终也没给企业留下多少真正的客户。其实，引流的关键并不在于产生了多少客户登录的痕迹，而在于真正吸引住了多少客户，这才是企业品牌营销

的关键所在。而做好这一点的第一步，便是对品牌营销事件的设计。

（1）设计具有可传播性的营销事件

口碑营销涉及很多人的因素，例如像褚时健等企业名人去卖橙子、猕猴桃，他们以名人本身的知名度对接个头小小的水果，其中的巨大落差便很容易形成巨大张力，具备可传播性。再比如，北大毕业生在人们的传统认知中应在知名企业就职，但有的人却去卖猪肉、卖米粉，这种故事性的张力会吸引很多社会人群对此一探究竟，从而形成口碑营销的张力效应。

（2）为营销事件设计附着力因素

营销事件的附着力涉及很多方面因素，比如故事性、分享性、一致性、信任度。其中，故事性是指企业要会“讲故事”，比如创始人大起大落的人生故事，这些都会引发广泛的口碑传播效果。易分享性是指易于人们对他人分享，比如一张有意境的照片或一句有趣的话都可以借助网页、微信等交流工具进行广泛的传播。一致性是指企业倡导的思想与呈现方式与客户的观念偏好是一致的，这样客户才会与他人分享，成为企业的免费传播者。信任度是指人们对企业的信任程度。如果人们从营销事件中感觉自己与企业的关系很近，则信任程度高，企业的口碑传播效率较高。虽然弱关系可以引发口碑传播，但人与企业的强关系状态，才会激发用户的交易行为。

2. 紧抓热点，制造热点，形成市场营销的引爆点

为了促进品牌营销的效果，企业要及时抓住热点，即那些被社会大众普遍关注的社会新闻、事件和人物的明星效应等，再结合企业的产品来开展相关传播活动。

在2013年CCTV的年度经济人物颁奖典礼上，格力电器董事长董明珠与小米公司的董事长雷军在颁奖晚会上互相调侃，雷军说："五年内小米的营业额会超过格力，打赌一块钱。"而业内闻名的"铁娘子"董明珠则一下把价码升级至10亿元人民币，赌注是小米在五年之内的销售额绝不会超过格力电器的销售额。

后来，小米公司决定与美的集团合作共同打造智能家居系统，面对自己的打赌对象和自己主要竞争对手的合作，董明珠再次在媒体面前直言小米公司和美的集团这两家企业是大骗子。一时间，行业关注的焦点都集中在董明珠身上。此后，董明珠不断地放出"狠话"，吸引着公众的注意力，而这一切言论全部指向正在互联网行业发展得风生水起的小米公司。

2015年3月，董明珠身处中山大学博学大讲堂"传统企业的突围成长"的现场时，终于颇为高调地宣布："格力手机已经面向市场了，我现在就在用格力手机。"同时，她非常顺手地拿出一部真正由格力制造的手机。据称，这款手机是由格力的六个研究院齐心协力，一起研究了一年半的时间才设计出来的，其功能非常先进。

在这里，我们不去评价格力手机的功能如何，而来看看董明珠这番操作的背后所隐藏的目的。从格力手机最终问世来看，董明珠在公开场合的那些言论是有着明确目的的。比如，董明珠在与雷军公开打赌之前，格力电器已经启动手机研发工作；而发展迅速的小米公司以及其创始人雷军则完全成为董明珠进行品牌与产品营销的借力点，极大地吸引了公众的注意力。

在社会的普遍认知中，格力电器一直是传统制造业和家电行业的代表企业，它与高科技互联网行业之间并无太大关联。但是，董明珠却通过与雷军的“十亿元赌局”，建立起一种强力的关联。随后，她又以各种特殊的言论吸引了社会民众的注意力，使格力电器在上市之前一直处于被民众高度关注的状态之中。从某种程度上来说，董明珠是在利用自己的企业家身份和社会影响力，为格力免费做了一场足够吸睛的、长达一年时间的品牌营销与预热活动。

当然，很多企业领导者缺少足够的社会知名度，很难将自己作为社会传播热点；但是，企业完全可以捕捉或制造其他类型的社会热点，或主动制造某个热点。举个例子来说，企业可以利用一些可预测的活动时段或赛季等进行热点营销。在天猫的“双 11”购物节、京东的“618”购物节、百度打造的五一劳动节等特殊日子等，这些都是可以利用的当季热点。企业可以主动贴近这些热点（或自己创造一个热点），突出品牌和产品的独特个性，切中客户的现实需求和个体偏好，获取客户的充分关注和深度认同，从而强化品牌营销的效果，引爆品牌的市场销售端。

3. 高质量运营粉丝社群，打造存量时代营销王者

前两年，获取流量很容易，很多企业采用各种方法去引流。近年来，企业越来越深刻地体会到：与打造流量相比，打造存量对于企业来说才是更为重要的。

在这个存量时代里，品牌营销必须把握住几个重要力量，即口碑信息影响性、社群聚焦度、粉丝的热情度与参与度，以及品牌记忆度等。

（1）口碑信息影响性

从健康成长的角度来看，企业有必要关注口碑信息的内容，据之调整口碑对客户的影响。一般而言，对于正面口碑，企业要增加其来源的可信度，因为口碑信息来源可信度的高低会影响客户的购买意向。正面口碑来源的可信度越高，客户对信息的感知有用性和可信性就越高，也就越容易作出购买决策。在实践中，企业应该鼓励广大客户在讨论中评论产品，并且采取措施鼓励客户表明自己的身份，填写真实的资料和信息，注明自己使用产品的时间、经验和使用感受，有效加强网络口碑的可信度。

而对于负面口碑，则要控制口碑传播，扭转负面口碑及在客户头脑中留下的负面印象。如果客户传播的体验内容是不真实的，企业可以通过公开手段去澄清事件发生的过程。如果客户传播的体验内容是真实的，企业则需要据之采取积极补救的措施，借助一些正向的事件来扭转客户头脑中的负面印象。

（2）社群聚焦度

所谓“社群聚焦度”，并不是通过这个品牌的客户群体的数量进行评估，而是根据忠于品牌、愿意为品牌传播正向信息的粉丝数量进行评估。这些粉丝不仅是忠实的客户，还可以在自己的社交网络中对品牌的推广工作起到宣传作用。对于品牌而言，最重要的就是找到这部分粉丝，并将其打造成一个强大的社群。说到粉丝经济或社群经济，不得不提到罗胖子罗振宇。

罗振宇自称“罗胖子”，其主持的“罗辑思维”节目是在互联网平台上被观众广泛喜欢的知识性脱口秀节目，其口号是：“有种、有料、有趣”，几乎每期视频的点击量都达到了 100 万人次以上。

2014 年 8 月，罗辑思维推出了会员付费制，一举入账 160 万元。罗振宇说：“我以 200 元招募会员，也是想通过它来识别属于我的社群，寻找志趣相投者。”当年 10 月，罗辑思维又尝试了一种新的玩法。首先，他们给罗粉们派发了“罗利”（罗辑思维的福利），随后在 10 月 8 日宣布发售了同名刊物《罗辑思维》，三天内预售数量便超过了 3000 本，在当当、亚马逊、京东畅销书排行榜上位列前茅。这就是社群化粉丝经济的力量。

2017 年，“罗辑思维”的粉丝活跃量已经突破 1000 万，如果按每个人通信录 100 个好友来计算，那么“罗辑思维”已经非常轻松地覆盖亿级的潜在用户。现在的“罗辑思维”社群已经不仅是一个自媒体社交群，还是一个垂直化的社交电商平台。罗胖子与其社群内的粉丝一起打造社群电商产品，在社群内外打造出极大的销售量。

（3）粉丝的热情度与参与度

在品牌营销与建设过程中，非常重要的一步就是培养粉丝对品牌的热情度和参与度。企业可以通过发动小游戏的方式，在线上招募志愿者、线下策划小活动，甚至是粉丝在进行品牌消费时，为其提供一些温暖人心的细节服务和小礼物，等等。这些活动之于品牌而言可能仅仅是一件小事情，但是对于粉丝来说，却能提升其对企业品牌活动的参与意愿和对品牌的热情程度。

（4）品牌记忆度

品牌营销的最高境界是营造出客户或粉丝对品牌的深刻记忆，即品牌记忆度。在运营社群时，企业也要谨记这一点——让企业的客户或粉丝牢牢记住这个品牌。企业可以通过一些足够出色、广泛的、深入人心的品牌宣传和推广活动，使客户或粉丝们在心里记住这个品牌，甚至将其作为一种喜欢的或向往的生活态度的标签。

当今时代，信息传播非常快速，这为品牌营销带来了很多契机和便利。企业只要用心打造足够优秀的产品，并且认真规划品牌营销活动，很容易为企业积累起良好的口碑。

第二节　深度分享品牌价值，为品牌持续赋能，打造品牌共识

品牌营销的最高境界，是长期围绕着一个“核心”点，不断地深化其品牌内涵，使企业的品牌形象与时俱进，让企业的品牌力量足以迎接持续的世界挑战和应对多变的市场环境。

1. 与时俱进，增加品牌含金量，方能打造“百年老店”

很多企业尽管拥百余年的历史积淀，但却并不显得陈旧、落伍；相反，它一直站在时尚的前沿。

可口可乐是全世界最为成功的“百年老店”之一。在世界各国，一代代年轻人一直是可口可乐的消费主力。其营销之道，就在于不断为“可口可乐”这个老品牌注入新的内涵，从而使“可口可乐”长期成为年轻人的流行语。在这里，我们不妨一起回顾一下可口可乐自 1886 年到 2016 年间主要的经典广告语，如表 8-1 所示。

表8-1　可口可乐的广告语（部分）

年份	广告语	年份	广告语
1886年	请喝可口可乐	1979年	可口可乐，一杯在手，喜笑颜开
1904年	美味与清新，满意尽在可口可乐	1986年	追赶潮流
1906年	最棒的非酒精饮料	1990年	挡不住的真实
1922年	渴望，没有理由	1993年	永远的可口可乐
1932年	冰凉的阳光	1996年	这就是可口可乐
1942年	不论何时何地，只要你想起清新的感觉，你就会想起可口可乐	2001年	活力永远是可口可乐
1946年	世界友谊俱乐部——只需要5美分	2003年	享受清凉一刻
1951年	好客与家庭的选择	2005年	要爽由自己
1957年	好味道的标志	2009年	畅爽开怀
1963年	有了可口可乐，一切变得更加美好	2016年	品味感觉
1971年	我拥有可乐的世界	—	—

可口可乐的这些营销口号一直围绕着相似的主题，即：极力突出可口可乐“既经典又时尚”这一品牌形象。同时，以精简的语言传达主题，使之在社会上被广为传播。此外，可口可乐的形象代言人也在不断更换，是各时期最走红的青春偶像或者体育明星。

通过具有差异化的表达方式，可口可乐公司让客户能充分感受到可口可乐与时俱进、不断自我创新的一面。与此同时，其营销方式的变化又在持续强化着企业的品牌效应，使这家百年企业能够不断迎合新的市场潮流和新一代的客户群体。这种做法是值得很多年轻企业去借鉴的。

2. 把握当下商业运作，为未来的品牌突破夯实基础

企业追求与时俱进，必须把握一个重要基础原则，即：维护好“现在”的品牌，让今天形成的品牌效应与昨天形成的品牌效应相对比是有所突破的。根据这条基础性原则，我们可以分解出两个操作要点。

（1）专注于当下，精耕细作

一些企业在经营某个品牌数年并取得了一定的利润后，会开始探索其他产品，而且是多种不同类型的产品。比如，有的企业既从事互联网业务，又从事餐饮业务。事实上，如果这两个品牌的产品所涉及领域之间缺少关联性，那么对于企业来说，可能导致这两种产品都难以做专做精，难以借由这两类产品形成广为人知的品牌声誉。所以，建议企业先尽可能专注于当下的产品品牌，然后以此为基础进行提升、优化，使自己的品牌覆盖率更高。

可口可乐公司百余年来始终专注于碳酸饮料产品，并以当年潘伯顿医生调配的可口可乐作为主打产品。其配方在一百多年里在大部分地区都是一成不变的，仅仅在部分国家的特定市场区域略有调整。这也是可口可乐打造百年口碑的秘诀所在：在确认销售可口可乐是一种正确的商业选择之后，立足于可口可乐这个品牌进行精耕细作。

（2）与时俱进，避免品牌僵化

企业要想经久不衰，必须面向当下时代的客户需求特征，持续优化品牌内容，做到与时俱进。唯有坚持这一点，企业才能在每一代客户的心中都镌刻下企业品牌的经典之名。

张瑞敏预言："随着全球化和信息化突飞猛进，将来只会剩下两种企业：一种是全球化企业，第二种是为全球化企业打工的企业。名牌企业就是食肉动物，打工的企业就是食草动物，食草动物再大，也只是食肉动物的食物。"从最初的砸冰箱到后来的砸仓库，海尔长期致力于打造高质量、高端化的品牌形象，避免海尔品牌成为无人问津的"低端品牌"。比如，海尔提出了"创造艺术品"的理念并据之实践，由此逐渐摆脱了传统制造企业的束缚，创新了家电行业发展的思维方式；海尔从研发为农民生产清洗地瓜的洗衣机到研发"卡萨帝"，满足了不同收入阶层的产品需求；海尔持续引进先进技术，颠覆了世界消费者过去对"中国制造"产品的偏见。可以说，为了让品牌越来越优秀，海尔从未停止过其在品牌活动上的探索与实践。

在弱肉强食的竞争环境下，企业不能一味追求现世安稳，而必须不断努力拼搏。罗马不是一天建成的，品牌也绝非一夕之间形成的。企业经营者们必须认识到：如果一个品牌能够被市场认可，在客户心中建立起好的口碑，这仅仅是企业取得的阶段性胜利而已；在始终激烈的市场竞争环境中，品牌发展的脚步是不能停歇的，持续重构品牌是企业的一种必然选择。

3. 沉淀品牌文化底蕴，从容释放品牌的强大魅力与实力

当今时代，各种品牌层出不穷，而且各自都有优势。例如，良好的营销手段和引人入胜的品牌故事。然而不少品牌仅出现一段极短暂的时间后，便在客户的视线中消失。实际上，想要长久地在客户的心中占领一席之地，在市场竞争中获得更大的份额，切忌对品牌过度营销，而要更关注品牌文化内涵的积累和沉淀。

（1）避免过度营销

过度营销的直接表现是大手笔、大批量地投放广告，希望通过广告轰炸的形式将品牌打入客户的内心。而巨大的营销成本投入却会转嫁给客户，同时也使企业在一定程度上忽视了对客户的足够关注。

此外，一些品牌通过恶俗的营销方式虽然使产品的市场关注度增加，但大多数客户评价其为“恶俗”，对其产品较为抵触，也是在做无用功。此外，过度营销相当于将企业、产品、品牌一并置于社会大众的面前接受检视，企业、产品、品牌方面存在的不足也会因过度营销而暴露出来，从而给企业带来诸多不良影响。

企业对过度营销行为要予以警惕，避免因营销力度不当而给品牌口碑造成负面影响。

（2）注重品牌沉淀

每个品牌都蕴含着一定的文化传统和价值取向，这是决定品牌是否能够长期保持市场份额的重要因素。比如创立于 1837 年的同仁堂、成立

于 1864 年的全聚德，这些百年老字号品牌在社会民众心目中的形象是非常深刻的。可见，品牌在很大程度上是一种文化长期沉淀的结果。

分析其中的原因，一方面是因为品牌是各种文化融合、产品实体与品牌符号结合的结果，是一种企业文化魅力的杰出体现。另一方面是因为文化是品牌的内涵所在，企业品牌的提升离不开企业文化，企业文化必然渗透在品牌之中并发挥无可比拟的作用。

从消费层面来看，那些具有不同文化理念和心理素质的客户，他们会从价值功能、利益认识、审美情趣等方面对品牌做出截然不同的评价。可以说，那些具有良好文化底蕴的品牌更有助于建立品牌的知名度与美誉度。

因此，企业在品牌创建或重构的过程中，要关注品牌文化的内涵与客户的消费诉求之间是否能够充分契合。值得注意的是，品牌创建或重构需避免频繁进行，而是让品牌在日积月累中沉淀下来，缓缓释放其文化内涵，使一代代消费者都能接受品牌文化，打造独特的品牌记忆。

第三节　端正品牌风险意识，识别潜在的品牌风险与危机

企业必须形成品牌的强势支撑，才能在残酷的市场环境中获得生存

和发展。而品牌重构对企业来说又是极大的机遇——许多品牌通过创新获得了新的生机。例如，德国大众公司收购了捷克的斯柯达汽车以后，通过一系列的品牌创新活动，使斯柯达成为一个赢得客户信赖的汽车品牌。然而，品牌重构又是一件风险很大的事，一旦失误势必给企业带来巨大的损失。因此，企业必须清醒认识到品牌风险与危机的存在。

1. 识别品牌风险类型，认知本企业可能存在的风险

品牌风险管理之初，必须对品牌风险形成系统的认识。一般而言，在市场中常见三类品牌风险，下面我们进行大致的归纳说明。

（1）一级风险的具体表现形式

一级风险是指因思想认识不足而造成的风险，这是最底层的风险。概括地说，一级风险主要有三种比较典型的表现，如表 8–2 所示。

表8–2　一级风险的表现

一级风险	表现说明
第一种风险	这种风险表现为企业价值观与市场现状不符合。一些企业急功近利，将财务目标放在首位，看淡社会责任，为了一己私利而不惜牺牲社会公众的利益
第二种风险	这种风险表现为对品牌价值体系的本质认识不清，以为建设品牌就是做广告、做宣传。一些企业以极大的代价，邀请明星代言、竞争做标王，声势浩大地进行品牌宣传，而最终的品牌记忆却非常短暂
第三种风险	这种风险表现为品牌定位错误。比如，本该定位于低档的品牌却定位于高档，只是企业认为高档而客户并不认同；还有，原本位于高档之列的品牌，为了短期内获得较高的销售额而以超低价格营销，这让老客户感到难以接受，为品牌未来的危机埋下伏笔

（2）二级风险的具体表现形式

二级风险是指在品牌价值增值过程中因某些环节的工作没有运作到位而造成的风险。这种风险已经出现了一些细小的风险苗头，如果仔细观察是可以发现的；对这类风险如果不主动采取措施，那么风险指数便会逐渐增长。概括地说，二级风险主要有以下几种典型表现，如表 8-3 所示。

表8-3 二级风险的表现

二级风险	表现说明
第一种风险	这种风险表现为在品牌运作过程中，某个增值环节出现了明显但是微小的问题，但是企业却看不到这种危机可能造成的风险，由此导致风险指数变大、情况恶化，最终酿成灾难性后果
第二种风险	这种风险表现为在企业或企业品牌负责人员不知晓的情况下输出了不合格产品，使客户在消费之后遭到了不小的损失而产生的被动式危机事件
第三种风险	这种风险表现为行业危机案例。比如，在出口贸易中，一些国家的倾销指控给一些中国企业带来了危机。实际上，这种危机经过了一定周期的酝酿，如果企业的市场嗅觉足够灵敏，往往可以察觉出一些预兆或痕迹，进而及时采取有效的风险防范措施

（3）三级风险的具体表现形式

三级风险是指某负面事件出现之前没有任何预兆，但是因某个外因的突然爆发而立刻给品牌造成了巨大的威胁，其突出特征是事件发生时出人意料、反应时间较短、影响范围较大、危害性较强。对于这类风险，企业如果缺少一套系统的应急处理程序，那么企业品牌会在极短的时间里遭受巨大的伤害。特别是在现代信息社会中，突发事件的传播速度异常快捷，对企业的危险性自然也是非一般程度的。

总的来说，三级风险可以分为五种常见类型，如表 8-4 所示。

表8-4　三级风险的表现

类型	说明
形象类突发性品牌风险	这种风险主要是由反宣传事件引发的突发性品牌风险
质量类突发性品牌风险	这种风险是指在企业发展过程中，企业没有觉察到自身的失职、失误或者内部管理工作中出现缺漏等问题，由此造成产品出现质量问题，进而引发突发性品牌危机
技术类突发性品牌风险	这种风险主要是企业因产品设计或制造技术方面的因素，使得企业输出的产品存在一些技术功能上的缺陷，不符合相关法规、标准的基本要求，由此引发突发性品牌危机
服务类突发性品牌风险	这种风险是指企业在向客户提供其所需产品或服务的过程中，由于内部管理失误、外部条件限制等原因而导致客户的不满意，并由此引发一些突发性品牌危机
突发性品牌风险	这种风险是指企业在生产经营过程中应因与利益相关者之间的关系没有恰当处理而引发突发性品牌危机

上述三级品牌风险表现为由低到高、层层推进、相互影响的关系。其中，一级风险是所有风险的根源，只要企业在思想观念方面存在着潜在的风险，那么必然会随之出现二级风险；而二级风险的存在又会大大增加三级风险出现的概率；如果企业在运行中发现一些小小的纰漏，那么经媒体曝光、舆论发酵之后，就会快速演变为三级风险，成为企业品牌危机事件。出现三级危机事件之后，如果企业能够处理得当，那么企业会以此作为经验教训，加强对类似风险的有效管理。

2. 控制品牌风险的动态演化，降低品牌危机产生的可能性

品牌风险的产生和发展具有阶段性、长期性的特征，在其尚未形成严重的品牌危机或造成品牌消亡之前，如果企业能够进行高效得当的风险管理，便可以化解品牌风险，实现企业品牌健康运行的目标。可以说，从品牌风险到品牌危机、再到品牌消亡，是一个具有因果关系的前后承

接过程。如果企业对品牌风险任其发展，那么最终必然会演变成品牌危机。

事实上，从品牌风险产生到最终演变为品牌危机，这个中间是为企业和市场“预留”出了化解风险、消弭危机的时空条件的。但是，这一过程需要企业、监管组织和公关组织等多方面齐心协力、协调合作，承担起化解品牌风险的相应角色与任务，使品牌风险止步于危机爆发和蔓延的关键点上。

当然，虽然任何企业都有发生品牌危机的可能性，品牌危机也并不是个别企业的“专利”；但是在应对品牌危机时，企业却又不得不正视品牌危机的“马太效应”。也就是说，越是那些品牌知名度、客户忠诚度高的大型企业，可能越不担心品牌危机的影响力。相反，那些品牌知名度小、客户忠诚度低的中小型企业，更可能因品牌危机而夭折。

当然，这并不意味着大企业可以对品牌危机置若罔闻。事实上，因为大型企业的体量较大，获得了社会民众更多的关注力，其产品和服务的对象也更为广泛，所以出现品牌危机的几率会更高。

所以，无论是大型企业还是中小型企业，都要正确看待品牌危机。在处理品牌危机时，要保持冷静、平静的心态，有计划、有组织地应对，绝不能因惊慌、自乱阵脚而导致品牌风险与危机管控不力。

3. 处于不同等级风险之时，呈现不同的风险防范态度

在具体实践中，企业对于不同等级的品牌风险，应具备积极防范的意识，并快速采取有针对性的措施。

（1）对于一级风险的防范措施

首先，企业上下要认识到风险存在的客观性以及品牌风险之于企业与品牌的影响，表现出强烈的危机意识。

其次，企业上下应具有正确的价值观念：企业在追求利润的同时，应将社会责任放在第一位，积极主动地为社会大众和消费者着想，从产品设计、输出、销售以及其他环节系统考虑如何保障社会大众与消费者的利益。

最后，定期组织员工参加品牌危机管理教育和培训，强化员工的危机管理技能水平，这样可以使员工在遇到品牌风险与危机时既有较强的心理承受能力，又有足够强大的应对能力。

（2）对于二级风险的防范措施

对二级风险的防范，重点在于加强思想建设，同时加强对品牌增值环节的问题管理。从品牌增值过程来讲，这是一个较长的价值链条，涉及企业内部人力资源、技术、组织、人员、产品、服务、渠道、股东、政府等多个方面和环节。因此，企业必须系统地加强各个方面和各个环节的管理，实时、全方位地观察市场上出现的各种细微的风险信号，分析并预测可能造成的品牌危机；然后，积极采取各种防范措施，将品牌风险与危机扼杀在摇篮中。

（3）对于三级风险的防范措施

这一级风险防范主要是针对突发性危机事件的防范。根据前面的分析，三级风险要么是难以控制的，要么是在出现品牌危机之后，企业通过采取积极措施，能够抢占到主动地位，降低对品牌的损害程度。一般而言，当企业在规划品牌与运作品牌时，要本着对社会和客户负责的态度，达成社会大众和相关人员的满意。

第四节　系统组织，科学审计品牌系统，积极面对品牌风险

认识到品牌风险、端正对品牌风险与危机的认知之后，企业要建立专门的风险管理组织，有意识地评估现有品牌系统，确认企业品牌设计的科学性和发展潜力，平衡企业对品牌风险的可承受度；即便是已经与品牌风险和危机狭路相逢，企业也能够灵活采取科学的风险与危机管理原则，有效处理品牌风险与危机，化险为夷。

1. 组建风险管理组织，保障企业品牌处于风险可控范围之内

任何品牌的设计或重构之于企业来说存在着不同程度的风险。其不同之处在于，企业是否对品牌风险处于可承受范围之内，该风险是否也会给企业带来更可观的机遇。相信任何企业都希望获得肯定的回答。为此，企业需要有组织地管理企业品牌风险，凭借科学的信息监测系统和系统的自我诊断制度尽早掌握品牌风险情况。

第一，建立一个由具有较高专业素质和较高领导职位的人士组成的

品牌风险与危机管理小组，预先制定一套品牌风险评估与危机处理方案，由这个专门组织带领企业全员尽早发现品牌险情。

第二，建立高度灵敏、准确的品牌信息监测系统，及时收集相关品牌信息，并对这些信息进行系统的整理、分析、研究，全面、清晰地预测和评估各种潜在的风险，捕捉品牌风险发生的苗头，评估风险与机遇，确认企业的可承受度，科学、系统地设计处理方案，降低品牌风险可能给企业带来的威胁。

第三，建立品牌的自我诊断制度，从不同层面和角度来审查、分析和评价品牌，找出品牌运作过程中的薄弱环节，及时采取必要的措施，降低品牌风险指数。

这三个步骤的操作，核心目的在于以科学的组织模式积极面对风险，以尽早发现品牌风险，平衡品牌风险与发展机遇之间的距离，降低品牌风险变危机的可能性。

2. 以品牌审计确认品牌设计的科学性，减少风险系数

企业中很少出现独立运营的品牌。一般而言，企业会以一系列的品牌打造成一个品牌系统。企业必须对这些品牌系统进行科学的管理，使各品牌之间能够协同一致、层次清晰，并充分发挥出每一个品牌的市场潜力。这一管理过程可以从对品牌系统的审计开始进行。品牌系统审计主要涉及以下几方面内容。

（1）战略品牌

战略品牌是指那些在企业长期战略上非常重要且应该得到更多资源

投入的品牌。企业要找出那些当下市场销售量不大、但未来会成为重要的销量和利润贡献者的品牌。值得注意的是，有时候这些品牌的业务表面上看来并不是重要的利润创造者。

（2）背书品牌

背书品牌是指那些位于某个产品品牌与服务品牌背后的支持性品牌。企业在进行品牌审计时，不妨思考以下问题：哪些品牌是可以扮演背书者的角色的，它们是如何增加价值的？其品牌形象与这一角色适合吗？是否存在某些案例，需要企业增加背书品牌数量，对背书品牌的情况多加宣传，或者切断与背书品牌的关联？等等。

（3）品牌利益

品牌利益是指品牌为客户提供的购买该品牌产品的利益或理由，通常表现在品牌产品或服务的特色或要素上。具体地说，就是企业应以什么样的产品或服务特色或要素来吸引客户购买，企业的品牌利益是否已经被充分开发利用，企业如何通过品牌化的行为来实现品牌增值等。

（4）系列品牌

系列品牌是指归于某一个品牌下的产品或服务。企业要确认系列品牌的以下方面内容：品牌识别符号在各种环境中的作用效果，系列品牌下的具体产品内容，未来的系列品牌，该系列品牌的品牌识别，该系列品牌是否可以为其他产品背书，等等。

（5）合作品牌

有机会与其他品牌合作或是成为合作品牌吗？什么类型的合作品牌

能够减少自身品牌识别的局限？什么类型的品牌能够强化自身的品牌识别？在每次合作中，品牌适合成为一个修饰品牌还是一个被修饰品牌？

（6）延伸品牌

企业品牌是适合横向延伸还是纵向延伸，审计时应确认以下问题：企业是否有一个品牌适合进行水平延伸或垂直延伸？哪些形象元素能够成为着力点？在向上或向下进行品牌延伸时采用什么样的发展战略？是否有助于使用子品牌？利用子品牌是否能够让品牌形象更为清晰化？

（7）控制品牌总量

在审计品牌时要确认企业品牌的数量是否适宜。比如，一共有多少个品牌？品牌数量是否太多或太少？在决定增加或减少品牌时是以什么作为判断标准的？

企业进行品牌审计时要综合考虑上述各个问题，从根本上减少品牌风险的出现频率，进而做好品牌风险的预警和控制。

3. 积极面对品牌风险，灵活应用风险管理的基本原则

在商业实践中，品牌危机事件的关键性已经日益凸显，甚至已然成为关乎品牌存灭、影响社会经济发展和损害国家形象的重要问题。一旦企业发现品牌风险，遭遇品牌危机，企业必须快速有效地做出反应；否则便会在市场上快速形成极为负面的品牌印象，从而形成一传十、十传百的负面舆论气氛，甚至由此导致客户迅速转而选择其他品牌。因此，企业上下应以积极的态度面对品牌风险与危机，在坚持基本的处理原则的基础上，采取恰当的处理措施。

在品牌风险与危机管理过程中，企业上下应遵循以下原则，如表 8-5 所示。

表8-5 品牌风险管理的基本原则

基本原则	说明
防患于未然原则	企业上下要有风险与危机意识，在企业日常工作与管理中步步为营，加强对各个环节的有效管理
主动性原则	品牌风险与危机出现时，企业上下应积极主动地面对，尽快且有效地控制住局面，切忌因急于追究责任而放任事件发展，从而最终陷入被动状态
快捷性原则	品牌风险与危机发生时，企业要反应快捷，及时地与社会公众充分沟通，尽量减少公众对品牌产生的各种不必要的猜测、怀疑和流言蜚语
诚意性原则	企业要实事求是地面对问题、解决问题，避免为了刻意隐瞒真相或试图逃避责任而编造谎言，欺骗社会公众，否则企业会将大众推到企业的对立面，加大品牌风险的系数
真实性原则	品牌危机出现后，企业必须主动向社会公众阐述清楚事实的全部真相，以免延长风险影响品牌的时长
统一性原则	企业无论是面对外部的宣传解释，还是面向内部的解释说明，都要做到“四统一”，即口径统一、指挥协调统一、宣传解释统一、行动步骤统一，切忌言论内容相互矛盾，存在或大或小的差异点
全员性原则	企业上下都应参与到品牌风险的处理过程中。在处理品牌风险与危机时，企业全体员工都应了解危机的性质、深度以及影响，共同努力，尽早跳出品牌危机的包围圈
创新性原则	在品牌风险与危机处理的过程中，既要主动借鉴过去的成功处理经验，也要根据实际情况大胆创新
全局性原则	在品牌风险与危机处理的过程中，企业上下都要具有全局观，懂得从全局的角度去思考问题，要求局部利益能够服从组织全局的利益

在商业实践中，企业随时可能邂逅品牌风险与危机，甚至在品牌危机之后的品牌重构时，企业也面临着不同程度的风险与危机。这就需要企业经营者以宏观的思维模式，系统把握品牌建设，重构与维护背后的运作机制与方法，综合考量企业的现在与未来，从而使企业品牌的发展更为强势而长久。

参考文献

[1] 官税冬 . 品牌营销：新零售时代品牌运营 [M]. 北京 : 化学工业出版社，2019.

[2] 李伟巍 . 好设计，有方法：我们在搜狐做产品体验设计 [M]. 北京：机械工业出版社，2019.

[3] 郭洪安 . 互联网思维：互联网时代的企业生存法则 [M]. 北京：北京时代华文书局，2017.

[4] 沃尔夫冈 · 谢弗，J.P. 库尔文 . 李逊楠译 . 品牌思维 [M]. 苏州：古吴轩出版社，2017.

[5] 艾 · 里斯，劳拉 · 里斯 . 寿雯译 . 品牌 22 律 [M]. 北京：机械工业出版社，2013.

[6] 托马斯 · 迦得 . 王晓敏，胡远航译 . 品牌化思维 [M]. 北京：中国友谊出版公司，2020.

[7] 徐适 . 品牌设计法则 [M]. 北京 : 人民邮电出版社，2018.

[8] 理查德 · 克莱沃宁 . 陶尚芸译 . 你的品牌需要一个讲故事的人 [M]. 北京：中国友谊出版公司，2018.

[9] 李艳 . 品牌崛起：成功品牌的顶层设计 [M]. 北京：化学工业出版社，2018.

[10] 戴维 · 阿克 . 李兆丰译 . 创建强势品牌（珍藏版）[M]. 北京 : 机械工业出版社，2018.

[11] 黄于庭 . 品牌之前，设计之外：解构设计背后的思考策略与实践方式 [M]. 杭州 : 浙江人民出版社，2020.

[12] 朱百宁 . 自传播：为产品注入自发传播的基因 [M]. 北京 : 电子工业出版社，2017.

[13] 罗子明，张慧子 . 新媒体时代的危机公关：品牌风险管理及案例分析 [M]. 北京：清华出版社，2013.

[14] 孙亚彬，孙科炎 . 婴童经济 4.0[M]. 北京 : 人民大学出版社，2019.

[15] 孙清华 . 引爆品牌卖点 [M]. 北京 : 人民邮电出版社，2017.

后　记

闻悉本书即将出版，不胜感慨。这本书从最初的调查研究到中途的设计与写作，以及随后的出版审阅等，都是一个艰难而且辛苦的过程，也是一个自我学习的过程。之所以是自我学习的过程，是因为在过去的一段时间里，围绕这本书的研究与写作，我获得了各种各样的帮助，这些帮助包括心智上的点拨、具体写作过程的指导和资料收集论证上的协助。

在这里，我要特别感谢在本书创作过程中周鸿、卢灿海等给予的支持和帮助，感谢他们为此书在撰写、资料收集与分析中所做的大量工作。

再次，对他们的付出表示由衷感谢！